Thomas Robert Malthus

Drei Schriften Über Getreidezölle aus den Jahren 1814 und 1815

Thomas Robert Malthus

Drei Schriften Über Getreidezölle aus den Jahren 1814 und 1815

ISBN/EAN: 9783743311206

Hergestellt in Europa, USA, Kanada, Australien, Japan

Cover: Foto ©ninafisch / pixelio.de

Manufactured and distributed by brebook publishing software (www.brebook.com)

Thomas Robert Malthus

Drei Schriften Über Getreidezölle aus den Jahren 1814 und 1815

Einleitung des Herausgebers.

Der Verfasser der nachfolgenden Abhandlungen ist durch sein gröfseres Werk über „das Gesetz der Bevölkerung", das in zahlreichen Ausgaben der Originalfassung und in Übersetzungen unter allen Kulturvölkern verbreitet ist und auf das Denken des Jahrhunderts wie auf seine Gesetzgebung einen tiefgehenden Einflufs geübt hat, zu einem der bekanntesten unter den wissenschaftlichen Schriftstellern der neueren Zeit geworden. Sein Leben war das eines Gelehrten, das ruhig verlief und in dem die litterarischen Arbeiten die erwähnenswertesten Ereignisse bilden.

Thomas Robert Malthus, von den Seinigen immer mit dem zweiten Vornamen gerufen, wurde am 14. Februar 1766 auf dem Gute der Familie The Rookery zwischen Dorking und Guildford in der Grafschaft Surrey geboren. Der Vater, der selber eine gelehrte Ausbildung genossen hatte und sich schriftstellerisch beschäftigte, liefs ihn sorgfältig erziehen. Den ersten Unterricht erhielt er im elterlichen Hause, kam dann in seinem zehnten Jahre zu dem Geistlichen von Claverton bei Bath und später in die Lehranstalt Warrington, die unter der Leitung von Gilbert Wakefield stand, einem freigesinnten Theologen, der aus der Landeskirche ausgetreten war und die Aufgabe der Pädagogik darin sah, die Schüler zur Selbständigkeit zu erziehen und ihre natürlichen Anlagen auszubilden. Durch seine Vermittelung kam Malthus im Jahre 1785 als Student in das Jesus-College in Cambridge. Er beschäftigte sich hier nicht blos mit den klassischen Sprachen und der schönen Litteratur, sondern auch mit den exakten Wissenschaften und legte für das

Baccalaureat 1788 das mathematische Examen ab. Auch
dann setzte er seine Universitätsstudien zur Erlangung einer
möglichst ausgebreiteten Bildung noch eine Reihe von Jahren
fort. Erst 1797 wurde er Magister, zugleich Collegiat seiner
Universität und Seelsorger einer kleinen Gemeinde in der
Nähe seines väterlichen Wohnsitzes. Auch seine erste Schrift
arbeitete er in derselben Zeit aus, ohne sie aber dem Druck
zu übergeben; sie bezweckte, die damaligen Mafsnahmen des
Ministeriums Pitt zu kritisieren. 1798 veröffentlichte er
anonym den „Versuch über das Gesetz der Bevölkerung",
der sofort Aufsehen erregte und rasch vergriffen war. Das
Buch will den Nachweis führen, dafs durch jene Kräfte,
welche die Volksvermehrung beherrschen, die Verwirklichung
vollkommen befriedigender gesellschaftlicher Zustände für
alle Zeiten zur Unmöglichkeit werde. 1799 machte Malthus
eine Reise nach dem Kontinent, die ihn nach Schweden,
Norwegen und Rufsland führte und von der er im November
zurückkam. 1800 starb sein Vater; im gleichen Jahre be-
teiligte er sich an den Erörterungen, die durch die ungewöhnliche Teuerung des Getreides veranlafst wurden, mit
einer Abhandlung „Untersuchung der Ursache des gegenwärtigen hohen Preises der Lebensmittel". 1803 erschien
eine neue Bearbeitung des „Gesetzes der Bevölkerung",
worin sich die Anschauungen, die er über den Gegenstand
gewonnen hatte, nun auch zu praktischen Vorschlägen ge-
stalteten. 1804 trat er aus dem Cambridger College und
verheiratete sich; im folgenden Jahre wurde er Professor
der Geschichte und politischen Ökonomie an der neuen
Lehranstalt, welche die Ostindische Compagnie zur Ausbildung ihrer Beamten damals in Haileybury in der Grafschaft Hertford begründete. 1806 erschien die dritte, wieder
wesentlich umgearbeitete und erweiterte Auflage des Werkes
über die Bevölkerung, 1807 die vierte Auflage, die weniger
Veränderungen enthielt, und aufserdem eine kleine Schrift:
„Brief an Samuel Whitbread über seinen Antrag zur Abänderung der Armengesetzgebung". 1813 war die Anstalt,
an der Malthus wirkte, Gegenstand von Angriffen im Oberhause, und Malthus veröffentlichte eine Schrift zu ihrer Verteidigung. In den Jahren 1814 und 1815 schrieb er die
hier mitgeteilten drei Abhandlungen. 1817 erschien die
fünfte Auflage des „Gesetzes der Bevölkerung" mit zahlreichen Zusätzen, die auch abgesondert herausgegeben

wurden. 1820 veröffentlichte er sein zweites umfangreiches Werk „Grundsätze der politischen Ökonomie mit Rücksicht auf ihre praktische Anwendung", 1823 eine Monographie „über den Wertmafsstab", 1827 ein kleines Werk „Nationalökonomische Begriffsbestimmungen". Eine sechste Bearbeitung des „Bevölkerungsgesetzes" kam 1826 heraus, auch nach Malthus' Tode aus seinem Nachlafs eine veränderte Auflage der „Grundsätze der politischen Ökonomie". Neben seinen selbständig erschienenen Arbeiten hat er einige Beiträge zu Sammelwerken verfafst, namentlich eine Anzahl eingehender Kritiken über nationalökonomische Werke für die Zeitschriften Edinburgh und Quarterly Review. Mit seinem gleichzeitig an der Fortentwicklung der Nationalökonomie thätigen Mitbürger David Ricardo war er in persönlicher Freundschaft verbunden und führte mit ihm vom Jahre 1810 an eine wissenschaftliche Korrespondenz, von der aber nur die Briefe Ricardo's erhalten sind. Malthus war seit 1819 Mitglied der Royal Society, seit 1833 auswärtiges Mitglied der Pariser Académie des sciences morales et politiques und der Berliner Akademie; er war Mitbegründer der zwei Londoner gelehrten Gesellschaften „Club für Nationalökonomie" und „Statistische Gesellschaft". Er starb am 29. Dezember 1834 während eines Besuches bei seinem Schwiegervater in Bath und ist in der Abteikirche dieser Stadt begraben. Seine Frau und zwei erwachsene Kinder überlebten ihn. Die Hauptquelle für die Kenntnis seines Lebenslaufs sind die Mitteilungen, die der Schwiegervater seines Sohnes, der Bischof Otter, in der Vorrede zur zweiten Auflage der „Grundsätze der politischen Ökonomie" gemacht hat. Neuerdings hat besonders Bonar seine Biographie bearbeitet, am ausführlichsten in dem Buche Malthus and his work, 1885.

J. B. Say hat von Malthus gerühmt, dafs er zu den Schriftstellern gehöre, die sich nur dann an die Öffentlichkeit wenden, wenn sie wirklich etwas zu sagen haben. So ist Malthus auch zur Behandlung der Fragen des Getreideverkehrs, die er dann in den hier wiedergegebenen Schriften am eingehendsten untersucht hat, ursprünglich durch den Umstand veranlafst worden, dafs er einen ganz neuen Aufschlufs darüber gefunden zu haben glaubte. Die eigenartigen Anschauungen nämlich, die er in der Bevölkerungslehre gewonnen hatte, schienen ihm zugleich ein tieferes

Verständnis jenes Gebietes zu eröffnen. Daher betrachtet
die ihrem Titel nach oben erwähnte Publikation, womit er
sich im Jahre 1800 an der Erörterung über die damaligen
hohen Getreidepreise betheiligte, den Gegenstand ganz unter
dem Gesichtspunkt des Bevölkerungsgesetzes und der damit
zusammenhängenden Lehre vom Armenwesen. Da die
Schrift ziemlich selten ist, so ist es vielleicht nicht unerwünscht, wenn ihr Inhalt hier etwas genauer wiedergegeben wird. Der Verfasser findet, dafs in der reichen
Litteratur über die Teuerung der Jahre 1799 und 1800
die wichtigste Ursache dieser Erscheinung noch gar nicht
erwähnt worden sei. In Schweden sei 1799 der Mifswachs viel schlimmer gewesen; trotzdem habe die
Teuerung gegenüber dem gewöhnlichen Getreidepreise nur
hundert Prozent betragen, in England bei einem weit
geringeren Ernteausfall zweihundert Prozent. Auch habe
in England die Teuerung nach der folgenden Ernte, die
sogar eine zeitlang einen reichlichen Ertrag versprochen
habe, noch fortgedauert. Die vorurteilsvolle Menge, deren
Ansichten allerdings vielfach auch von solchen geteilt würden, die eine freiere Auffassung haben sollten, ja sogar
vom höchsten Richter des Landes, nehme an, dafs die
Teuerung durch die verbrecherische Haltung der Kornwucherer künstlich und planmäfsig herbeigeführt sei. Die
Nachweisung der wahren Ursache könne wenigstens den
Vorteil haben, die ungerecht beschuldigten Zwischenhändler,
die im Gegenteil eine äufserst heilsame Thätigkeit übten,
von den Vorwürfen zu entlasten, die ihnen das Volk mache.
Nämlich der wahre Grund des hohen Grades, zu dem die
Teuerung gestiegen sei, liege in der Art, wie in England
die Armen unterstützt würden. Indem bei höheren Getreidepreisen die Armenunterstützungen steigen, sind diese selbst
die Ursache zunehmender Teuerung. Malthus beweist diesen
Zusammenhang durch eine scharfe Formulierung der wissenschaftlichen Gesetze, nach denen sich der Preis bestimmt.
Daraus ergiebt sich, dafs durch die Gestaltung des Preises
immer die Wirkung erzielt werden mufs, einen Teil der
Bewerber um die Ware von ihrer Erlangung auszuschliefsen.
Um aber dieses Ergebnis herbeizuführen, mufs der Preis
um so höher steigen, je mehr Barmittel auch die Ärmsten
unter den Bewerbern besitzen. Die Aufgabe der Spekulation
bestehe darin, die Preishöhe zu erkennen, bei der gerade

die Anzahl der Personen ausgeschlossen wird, deren Befriedigung wegen der Beschränktheit des Vorrats unmöglich ist. Indem die Spekulation, so lange dieser Preis nicht erreicht ist, ihr Angebot zurückhält, verteilt sie den Druck auf die Verzehrer über eine längere Zeit und eine gröfsere Personenzahl und macht ihn erträglicher. Insoweit hätten auch die Armenunterstützungen günstig gewirkt, weil sie durch die Erhöhung der Kaufkraft der Armen den Preis steigerten und den Verbrauch einschränkten. Aber der Vorschlag, den Arbeitslohn nach den jeweiligen Getreidepreisen festzusetzen, würde, wenn sich damit zugleich eine Fürsorge für die Beschäftigungslosen verbinden solle, die äufsersten Gefahren für die Volksernährung in sich schliefsen; denn wenn in Mifsjahren die Masse der Bevölkerung nicht zeitig zur Einschränkung ihres Verbrauchs gezwungen werde, müfste die ganze Nation durch Hunger zu Grunde gehen. Dafs bei einer Ware wie das Getreide, das in so ungeheuren Mengen erzeugt und verbraucht wird, die gegenseitige Konkurrenz der Verkäufer durch Verständigungen aufgehoben und ein Monopol hergestellt werden könne, hält der Schriftsteller für undenkbar. Die Feindseligkeit, die man gegen die Getreidebesitzer und Getreidehändler zeige, bringe das Gegenteil der beabsichtigten Wirkung hervor, indem die künftige Produktion und die Wiederkehr niedriger Preise dadurch behindert werde. Besonders verkehrt sei es, die Kornhändler zu bekämpfen und gleichzeitig den Kleinbetrieb der Landwirtschaft zu empfehlen; denn der kleine Pächter könne den Handelsmann, dem er sein Erzeugnis verkauft, nicht entbehren. Auch der Gedanke sei abzuweisen, dafs der vermehrte Geldumlauf die Ursache der hohen Preise sei; er sei vielmehr die Folge davon. Wenn man durch eine gesetzgeberische Mafsnahme den Mifsständen abhelfen wolle, so dürfe man nicht an eine Beschränkung, sondern nur an eine vollständigere Befreiung des Verkehrs denken. Namentlich empfehle sich die Aufhebung der Brottaxe, die nur zum Vorteil der Bäcker zu gereichen scheine, bei sinkenden Getreidepreisen die rasche Anpassung der Brotpreise verhindere. Im ganzen könne der Staat gegen die schlimmen Folgen des Mifswachses wenig thun; auch in ihnen äufsere sich die Naturgewalt des Bevölkerungsgesetzes, vermöge dessen die Schwierigkeit, die Unterhaltsmittel zu beschaffen, stetig wachse.

Bei diesem engen Zusammenhang, den Malthus zwischen den Erscheinungen der Volksvermehrung und denjenigen der Getreideerzeugung findet, ist es nicht zu verwundern, dafs er in den späteren Bearbeitungen seines Werkes über das Bevölkerungsgesetz, worin er auch die praktische Tragweite seiner neuen Theorie entwickelte, auf das Problem, wie der Staat sich zur Versorgung des Landes mit den Brotfrüchten zu verhalten habe, näher einging. Die Darlegungen der zweiten und der dritten Auflage weichen aber erheblich von einander ab, und darin zeigt sich wohl der hohe Ernst des Forschers, der zu immer gröfserer Klarheit zu gelangen strebt, zugleich jedoch das Unzulängliche seiner Auffassung und der Beweisführung, deren er sich bedient. Mit wissenschaftlicher Genauigkeit die sämtlichen Wirkungen festzustellen, die aus den vom Staat getroffenen Mafsnahmen der Getreidepolitik folgen müssen, dazu reicht der Grad seiner Erkenntnis nicht hin, und darum ist die Anschauung, zu der er sich bekennt, in der Hauptsache ein Ausflufs persönlicher Empfindung und Stimmung. Was ihn nämlich vor allem beherrscht, ist eine starke Ängstlichkeit gegenüber dem raschen Fortschreiten des Landes zu den höheren und kühneren Formen der wirtschaftlichen Organisation. Er kann sich nicht verhehlen, dafs England vom Agrikulturstaat zum Industriestaat wird, er schätzt auch die Vorzüge dieser Veränderung; aber zugleich malt er sich die Gefahren, die dadurch über das Land heraufziehen, in der stärksten Weise aus. Ihn erschreckt das Künstliche eines Zustandes, der sich dahin kennzeichnen lasse, dafs mit allem Eifer die entbehrlichsten Dinge hergestellt und vermehrt würden, während man jene Erzeugnisse, ohne die das Leben überhaupt unmöglich ist, mit unglaublicher Sorglosigkeit blos von der Thätigkeit und der Gewährung Fremder erwarte. Da er ebenso wie vor ihm die Physiokraten nicht historisch beobachtet, sondern nur aus abgezogenen Begriffen heraus denkt, so kann er über die Vorstellung nicht Herr werden, dafs ein Ackerbaustaat weniger abhängig sei von den fremden Manufakturen als ein Industrieland von den Produkten des Ackerbaues und ihren Erzeugern. Von diesem Gefühl aus, das ihn beherrscht, geht Malthus in der zweiten Auflage des „Bevölkerungsgesetzes" so weit, mit ziemlicher Entschiedenheit zu verlangen, dafs der bisherigen Entwickelung Einhalt geschehe, dafs England nicht blos seinen ganzen

Getreidebedarf selbst baue, sondern auch noch darüber hinaus für den Export Getreide erzeuge. „Ein System", sagt er (447), „das, gleich dem gegenwärtigen Handelssystem Englands, einen Staat unnötigerweise in eine solche Lage versetzt, — dafs er nämlich fürchten mufs, mit dem Wachstum der Industrien im Ausland seine Getreidelieferanten zu verlieren, — kann nicht auf den richtigen Grundsätzen der Nationalökonomie beruhen." Und er fährt fort: „Es erscheint nahezu unmöglich, dafs ein Land von gröfserer Ausdehnung die für die Erlangung seines Unterhaltes nötige Sicherheit besitzt, wenn es nicht in seinem Gebiet mehr Getreide erzeugt, als es verbraucht". In der dritten Auflage stellt er keine so bestimmte Forderung mehr auf, weist blos auf den Vorzug hin, unter allen Umständen seinen Nahrungsbedarf unmittelbar gedeckt zu haben. „Wenn man nicht so sicher sein kann", so mildert er hier den Ausspruch (II, 229), „das zu erhalten, was andere liefern, als was man selbst herstellt, so scheint es ein vorteilhaftes Verhalten bei einer Nation, deren Gebiet es gestattet, von dem Gut, dessen Fehlen ihr Glück und Gedeihen am tiefsten treffen würde, einen Überschufs sich zu sichern." Aber auch in dieser dritten Auflage ist er bemüht, durch theoretische Betrachtungen die Überlegenheit des Ackerbaues nachzuweisen. Er hat jetzt vier Gründe herausgefunden, warum die Ausfuhr von Getreide gewinnbringender sei als diejenige der Industrieerzeugnisse. Erstens sei bei der Ausfuhr von Rohstoffen der ganze Erlös Gewinn für das Volksvermögen, während man bei Fabrikaten rechnen mufs, wieviel Unterhaltsmittel bei ihrer Herstellung zu verbrauchen waren. Bei den Roherzeugnissen ergibt ferner dieselbe Thätigkeit in den verschiedenen Jahren ungleiche Mengen, und deshalb sei es wichtig, einen Überschufs zu sichern. Auch steige bei einem Mifswachs der Preis sehr stark, so dafs auch darum eine starke Produktion vorteilhaft sei. Endlich gebe es überhaupt nur drei Mittel, um bei Fehlernten das Land vor Hungersnot zu schützen, und da zwei davon, die Einfuhr aus der Fremde und die Aufspeicherung in staatlichen Getreidelagern, nicht zweckmäfsig seien, so bleibe nur übrig, regelmäfsig für den Export, also mehr wie den Bedarf des eigenen Landes, zu erzeugen (II, 231—234).

Malthus beschränkt sich nun aber in dem Werke über

das Bevölkerungsgesetz nicht einmal auf allgemeine Erwägungen der wirtschaftlichen Entwickelungsstufen: er bespricht auch die praktischen Maſsnahmen, mittelst deren die Gesetzgebungen hemmend auf den Übergang zum Industriestaat einwirken können und die in der Beschränkung der Getreideeinfuhr und in der Gewährung von Prämien für die Getreideausfuhr bestehen. Malthus empfiehlt beide Arten des staatlichen Eingreifens. Daſs keine freie Einfuhr des fremden Getreides stattfinden dürfe, hält er fast für selbstverständlich. Der Ackerbau des Landes werde dadurch zu Grunde gerichtet. Felder von mäſsiger Fruchtbarkeit könnten die Konkurrenz des Auslandes nicht ertragen. In der Nähe der Städte würde der Anbau weiter fortdauern, aber entlegene Landesteile müſsten veröden; überall würde sich das Streben zeigen, den Getreidebau durch die Viehzucht zu ersetzen (2. Aufl. 445, 446, 3. Aufl. II, 226, 227). In der zweiten Auflage schildert er dann in den düstersten Farben die Folgen, die durch eine solche Veränderung entstünden. Es werde nicht hundert Jahre dauern, meint er, bis überhaupt das Ausland kein Getreide mehr sende; dann werde die durch den bisherigen Import verkümmerte Produktion des Landes selbst den Maſsstab bilden für seinen Reichtum und seine Volkszahl; wie Spanien werde es in Verfall geraten (446). Daſs England einen starken Teil seines Bedarfs vom Ausland erhalten könne, sei undenkbar, weil der Verbrauch der Ausfuhrländer selber stetig wachse. Aus immer entlegeneren Gegenden würde man den Unterhalt suchen müssen und dadurch zuletzt zur Zahlung unerschwinglicher Preise gezwungen sein. Da doch die Industrie nur von den Gegenwerten leben könne, die ihr die Landwirtschaft gewähre, so müsse man suchen, diese unentbehrlichen Leistungen aus der Nähe zu erhalten, um ihrer sicher zu sein (447).

In der dritten Auflage fehlt die Ausmalung der letzten Ergebnisse, die nach der Meinung des Schriftstellers durch die ungehinderte Getreideeinfuhr verursacht würden. Im Gegenteil hat Malthus seine erste Ansicht aufgegeben, daſs in der späten Zukunft die schlimmsten Zustände einträten; er legt jetzt den Nachdruck darauf, daſs wenigstens der Übergang in die neuen Verhältnisse bedenklich sei. Es scheint ihm der Gedanke nachträglich gekommen zu sein, daſs die Entwickelung der fremden Länder, wie sie das

Angebot von Getreide vermindern kann, auch auf die englische Nachfrage allmählich zurückwirken werde, dafs überhaupt nach seinen eigenen Grundanschauungen kein bleibender Widerspruch zwischen dem Bedarf und der Versorgung bestehen kann, weil unbefriedigter Bedarf Vernichtung bedeutet. So räumt er ein (3. Aufl., II. 268), „dafs jede Sache zuletzt ihr Gleichgewicht findet". „Aber", sagt er weiter, „dieses Gleichgewicht wird manchmal auf eine sehr harte Weise herbeigeführt."

Eine andere Mafsnahme zur Unterstützung der Landwirtschaft neben der Beschränkung der Einfuhr kann in der Gewährung einer Prämie für die Ausfuhr von Getreide bestehen. Auch dieses Vorgehen des Staates hält Malthus für nötig, wenn das Ziel, das er anstrebt, erreicht werden, England mehr als seinen eigenen Nahrungsbedarf erzeugen soll. Freilich mufste er, wenn er dafür sich aussprach, vor allem sich mit der grofsen Autorität des Adam Smith auseinandersetzen, der die Exportprämie für Getreide in eingehender Erörterung mit voller Entschiedenheit verworfen hatte. Er beginnt daher mit einer Widerlegung der Argumente, die Smith gebraucht, und erklärt besonders in zwei Punkten seine Aufstellungen für irrig. Smith hatte behauptet, die Prämie verteure in billigen und teuren Jahren das Getreide im Inland. Malthus behauptet, dafs sie in teuren Jahren das Getreide billiger mache, als es sonst gewesen wäre, weil die Vorräte, die bei fehlender Ausfuhr im Inland sich anhäufen, dem durch die Prämie veranlafsten Mehrerzeugnis, das in Notjahren zunächst für den inländischen Bedarf zur Verfügung steht, unmöglich gleichkommen können (2. Aufl., 454, 3. Aufl., II, 241, 242). Den Hauptnachdruck hatte aber Smith darauf gelegt, dafs nach seiner Meinung der Landwirt bei erhöhten Getreidepreisen keinen gesteigerten Gewinn mache, weil immer auch die Lebens- und Wirtschaftsbedürfnisse im gleichen Verhältnis wie das Getreide billiger und teurer würden. Diese offenbar sehr spitzfindige Betrachtung bemüht sich Malthus weitläufig zu widerlegen. Wenn Smith freilich darin Recht hätte, dafs, wie der Getreidepreis sich ändert, auch alle sonstigen Dinge einen andern Preis annehmen, so wäre jede Erhöhung des Getreidepreises nichts anderes als eine Geldentwertung, gleichsam eine blofse Namensveränderung der Waren, und könnte auf die Beschäftigung und die Menge der Erzeugnisse keinen Einfluſs üben. Malthus sucht nun aber zu beweisen, daſs von den Produktionskosten des Getreides doch nur ein Teil selbst wieder mit dem Getreidepreise steige und falle, nämlich einerseits der Arbeitslohn und dann die zu entrichtende Rente. Dagegen hingen die Steuern nicht mit den Getreidepreisen zusammen, und aus diesem Grunde schon müsse der höhere Preis dem Landwirt vorteilhaft sein und ihn zur Ausdehnung seines Anbaues bestimmen; auſserdem könne ja auch in der Zwischenzeit, bis die Ausgleichung durch Rückgang der Kosten erfolgt, ein niedriger Produktenpreis auf die Landwirtschaft vernichtend wirken (461). Auch einen praktischen Einwand erhebt Malthus gegen die Smith'sche Anschauung. Wäre es nicht möglich, die Landwirtschaft durch eine Steigerung der Produktenpreise zu unterstützen, so lieſse sich überhaupt für sie nichts thun; dann müſsten die Länder mit hohen Löhnen, Renten und Steuern aufhören, Getreide zu bauen (461, 462). Den hauptsächlichen Vorteil aber zieht nach Malthus ein Land aus der Prämie dadurch, daſs sie die Preissteigerungen bei Miſsernten einschränkt. Wenn eine Ausfuhrprämie besteht, so ist der Preis im Inland derjenige der ausländischen Häfen vermehrt um die Prämie und ändert sich nicht, ob etwas mehr Getreide oder etwas weniger gewonnen wird. So ist der Preis, weil extreme Steigerungen fehlen, im Durchschnitt durch die Prämie niedriger (463).

In der dritten Auflage ist die Beweisführung zu Gunsten der Prämie in wesentlichen Punkten verändert. Malthus findet jetzt den Umfang der Produktion nicht mehr vom Preise, sondern nur noch von der Gröſse der Nachfrage abhängig; würde durch die Prämie der Kreis der Käufer erweitert, so wachse auch die Produktion (II, 249, 250). Statt die Unmöglichkeit zu betonen, daſs bei der Smith'schen Ansicht eine staatliche Unterstützung der Landwirtschaft geschehen könne, meint er jetzt, diese Anschauung stehe im Widerspruch mit der thatsächlich erfolgten allmählichen Ausdehnung des Anbaues (II, 251), die zeitweise einen Zufluſs von industriellem Kapital in die Landwirtschaft in sich schlieſse, also auch zeitweise einen erhöhten Gewinn des Landwirtes (251—253). Er sucht jetzt auch noch genauer die Wirkungen einer Exportprämie zu entwickeln. Er findet, daſs der inländische Preis gleich ist dem Preise des Weltmarktes vermehrt um die Prämie, vorausgesetzt, daſs diese Summe wenigstens dem Betrage der inländischen Produktionskosten gleichkommt, unter die natürlich der Preis nicht sinken kann. Wenn aber die Summe des Preises auf dem Weltmarkt und der Prämie gröſser ist als der Betrag der Produktionskosten, so wird der Landwirt wegen des auſserordentlichen Gewinnes seine Produktion ausdehnen. Dadurch sinkt der Getreidepreis im Inland wie im Ausland, doch so, daſs der inländische Preis immer um die Prämie höher bleibt als der ausländische. Da aber mit der gröſseren Billigkeit die Nachfrage steigt, so entsteht wieder eine Ursache der Gewinnsteigerung für den Landwirt, dessen Staat Prämien zahlt. Auf diesem Wege wird es dahin kommen, daſs an der Versorgung der Welt mit Getreide ihm ein stärkerer Anteil zufällt als den Angehörigen anderer Nationen (II, 253—257). Zur Empfehlung der Prämie fügt Malthus diesen Widerlegungen der Smith'schen Theorie noch eine weitere Betrachtung bei. Indem die Prämie, wie früher ausgeführt, extrem hohe Preise verhüte, habe sie den Vorteil, daſs die Durchschnittspreise eines längeren Zeitraums niedriger werden. Hohe Durchschnittspreise aber seien dem Verzehrer nachteilig, während sie andererseits doch für die Ausdehnung des Anbaues nicht entscheidend seien, weil diese davon abhänge, daſs auch die billigen Jahre den Landwirten nicht zu groſse Verluste bringen.

Wenn wir diese Ansichten über die Getreidepolitik überschauen, die Malthus in seinem berühmten Werke über das „Bevölkerungsgesetz" niedergelegt hat, so werden wir sie weder besonders klar noch widerspruchsfrei oder überzeugend finden. Sie beruhen offenbar nicht auf einem vollen Verständnis der Zusammenhänge, durch die der Getreidepreis bestimmt wird, noch auf einem sicheren Urteil über die Wirkungen, die durch die staatlichen Eingriffe entstehen. Die praktischen Vorschläge des Schriftstellers sind aber auch nur scheinbar auf diese Beweisführung gestützt. Er suchte nach Gründen, um sie einer schon feststehenden Schluſsfolgerung hinzuzufügen; denn er bezweckte nichts anderes, als das in England geltende Gesetz zu verteidigen.

In älterer Zeit freilich waren die Vorschriften über den Getreidehandel von einem andern Geist erfüllt, als demjenigen, der sich in Einfuhrzöllen und Ausfuhrprämien zeigt. Damals suchte der Staat, um das Land mit den notwendigsten Unterhaltsmitteln gut versorgt zu wissen, die Ernten durch Ausfuhrverbote in seinem Gebiet festzuhalten; ja, auch im Innern des Landes glaubte man den Verkehr mit Getreide Beschränkungen unterwerfen zu müssen. Aber in der zweiten Hälfte des 17. Jahrhunderts erfolgte ein Umschwung in der Gesetzgebung. Einerseits gelang es dem Interesse der Produzenten, sich stärkere Beachtung zu verschaffen; andererseits begann man zu erwägen, dafs die Erleichterung des Absatzes eine Vermehrung der Vorräthe bewirken werde. Als das erste Gesetz, das von diesen neuen Gedanken beherrscht war, erging die Vorschrift, dafs unter den Landestheilen der Verkehr und Transport des Getreides vollkommen ungehemmt sein solle (1663, 15 C. 2 c. 7). Diese Mafsnahme war ohne Zweifel die wichtigste und heilsamste unter allen, die sich auf den Getreidehandel bezogen; sie hat, wie der Bericht eines späteren Parlamentsausschusses sich ausdrückt, „mehr zu einer reichlichen Versorgung des inländischen Marktes und zu einer Ausdehnung des Anbaues beigetragen als irgend eine andere Bestimmung in der Gesetzgebung". Von ähnlicher Bedeutung und Nützlichkeit war eine zweite Neuerung, die unter derselben Regierung erfolgte, dafs nämlich auch der Getreideverkauf aufser Landes freigegeben wurde. Anfangs gestattete man allerdings die Ausfuhr nur für den Fall, dafs der Preis im Inlande nicht über eine bestimmte Höhe hinausging, beim Weizen z. B., wenn er nicht mehr als 40 Schill. das Quarter kostete (1660, 12 C. 2 c. 4). Später wurde aber diese Preisgrenze erhöht (15 C. 2 c. 7 sect. 2), und 1670 bei jedem Preise die Ausfuhr gestattet (22 C. 2 c. 13 sect. 1) unter Vorbehalt eines niedrigen Ausfuhrzolles, der auch bald fiel (11 a. 12 W. 3 c. 20). Mit diesen beiden zweckmäfsigen Vorschriften begnügte sich aber die Gesetzgebung nicht. Von 1666 an waren die Getreidepreise mehrere Jahre ungewöhnlich niedrig; der Weizen, der im Durchschnitt der Jahre 1656 bis 1665 über 50 Schill. gekostet hatte, fiel 1666 auf 32 und stieg bis 1669 nicht wieder über $39^1/_2$ Schill. das Quarter von acht Winchesterbushel. Unter dem Eindruck dieser für die Landwirte ungünstigen Verhältnisse wurde 1670 ein Einfuhrzoll für Getreide festgesetzt, der beim Weizen, wenn sein Preis unter $53^1/_3$ Schill. sei, 16 Schill. betragen sollte; bei einem Preise zwischen

53^1.3 und 80 Schill. sollte er 8 Schill. das Quarter sein (22 C. 2 c. 13 sect. 1). Aber diese Mafsnahme führte keine Preiserhöhung herbei. In den siebziger Jahren traten wohl einige Mifsjahre ein und steigerten vorübergehend die Preise; aber in normalen Zeiten war das Getreide auffallend billig, nach der Mitte der achtziger Jahre sank der Weizenpreis auf 30 und zuletzt 1687 gar auf 22 Schill. Schon Adam Smith hat darauf hingewiesen, dafs dieser Preisdruck zu dem letzten Gesetz geführt hat, worin die Getreidepolitik jener Epoche ihren Abschlufs fand, zur Bewilligung einer Exportprämie. Sie wurde im Jahre 1689 eingeführt, bei Weizen in der Höhe von 5 Schill. das Quarter, wenn der inländische Preis nicht über 48 Schill. stehe (1 W. a. M. st. 1 c. 12).

Eine Stetigkeit der Preise wurde durch diese Gesetzgebung nicht erreicht; sie blieben nach wie vor wesentlich vom Ausfall der Ernten abhängig. Die letzten Jahre des 17. Jahrhunderts hatten ungewöhnlich hohe, die ersten des 18. recht mäfsige Preise. Gerade das erste Jahrzehnt des neuen Jahrhunderts zeigt auffällige Schwankungen. Im Herbst 1702 war der Weizenpreis 25$^1/_2$ Schill., im Frühjahr 1704 52; im Frühjahr 1708 war er 27 Schill., 18 Monate später 82 (Tooke, History of prices I, 35, 36). Mit dem Beginn der Friedensepoche im Jahre 1715 wurden die Preise sehr niedrig und sanken bis über die Mitte des Jahrhunderts hinaus von Jahrzehnt zu Jahrzehnt. Grofse Zufriedenheit und Behaglichkeit unter der englischen Bevölkerung war die Folge dieser Thatsache; von den 23 Jahren der Regierung Georgs II., die ganz in diese Jahre des Rückganges der Getreidepreise fällt, hat der Historiker Hallam geurteilt, dafs sie der glücklichste Zeitraum in der englischen Geschichte waren. Die Gesetzgebung machte die niedrigen Preise nicht unmöglich, aber sie sicherte sie auch nicht. Denn in den sechziger Jahren änderte sich plötzlich die bisherige Entwickelung, stieg das Preisniveau auf eine Höhe, an die man seit langer Zeit nicht mehr gewöhnt war. Anfangs glaubte man an eine jener vorübergehenden Teuerungen, wie sie auch in der langen Periode der niedrigen Preise infolge von Mifswachs vereinzelt vorgekommen waren, und hielt, wie man auch sonst unter diesen Umständen verfahren war, nur eine zeitweilige Suspendierung der Getreidegesetze für angezeigt. Als aber der hohe Preis von Jahr zu Jahr fortdauerte, der Weizen, der im Durchschnitt der vorhergehenden zehn Jahre 37 Schill. gekostet hatte, 1766 43, 1767 57, 1768 55 Schill. galt, dann 1771 wieder 51, 1772 59, 1773 60 Schill., wurde eine endgültige Abänderung der bestehenden Gesetze beschlossen. Durch das Gesetz von 1773 wurde die Getreideeinfuhr erleichtert, die Ausfuhr erschwert. Während die hohen Zölle vorher erst bei einem Preise von $53^1/_3$ Schill. aufhörten, wurde jetzt bestimmt, dafs sie nur zu erheben seien, wenn der Weizen auf weniger als 48 Schill. stehe. Die Ausfuhrprämie andererseits sollte nur gezahlt werden, wenn der Preis nicht über 44 Schill. wäre, und auch die bedenkliche Vorschrift wurde aufgestellt, dafs bei einem Preise von mehr als 44 Schill. überhaupt die Weizenausfuhr verboten sei (13 Geo. 3 c. 43).

Seit diesem Gesetz nahm die Getreideeinfuhr erheblich zu, und bei Gelegenheit eines Rückschlags in den Preisen erreichten zuletzt die Landwirte 1791, dafs die Bestimmungen etwas geändert wurden. Der Preis, bei dem der hohe Zoll aufzuhören hatte, wurde hinaufgesetzt von 44 auf 50 Schill.; die Ausfuhr umgekehrt sollte bis zu einem Preisstand von 46 Schill. gestattet sein. Dieses neue Gesetz (31 Geo. 3 c. 30) hat aber auf die Preise keinen grofsen Einflufs geübt; denn andere wirksamere Ursachen, namentlich der ungünstige Ausfall der Ernten, erzeugten in den nächsten Jahren solche Teuerung, wie man sie vorher kaum gekannt hatte, und nötigten die Regierung wieder zu Mafsnahmen von gerade entgegengesetztem Charakter, namentlich zur Gewährung von Einfuhrprämien für Getreide. Die Lage der unteren Klassen war in dieser Epoche äufserst traurig und wurde in den Mifsjahren 1799 und 1800 fast unerträglich. Der Rückgang von den hohen Preisen, die ihre letzte Steigerung im Frühjahr 1801 erreichten, das den bis dahin unerhörten Weizenpreis von 156 Schill. notierte, konnte nicht ausbleiben und wurde nun wieder den Landwirten verhängnisvoll, und als im Jahre 1804 der Weizen bis unter 50 Schill. fiel, wurde eine in ihrem Interesse liegende Abänderung des Gesetzes vorgenommen (44 Geo. 3 c. 109). Die Sätze, wovon die Erlaubnis der zollfreien Einfuhr, der Wegfall der Prämie und das Verbot der Ausfuhr abhingen, wurden erhöht: nicht mehr bei einem Preise von 50, sondern erst bei 63 Schill. sollte die freie Einfuhr, bei 54 Schill. das Ausfuhrverbot, bei 48 Schill. das Aufhören der Exportprämie eintreten. Ohne Zweifel trug dieses Gesetz zu den hohen Getreidepreisen bei, die in den folgenden Jahren herrschten. Natürlich waren auch noch weitere Umstände nötig, um sie herbeizuführen, besonders wiederholte ungünstige Ernten und die Schwierigkeit, in den Kriegsläufen und gegenüber den von Frankreich und von Nordamerika verhängten Handelsverboten Zufuhren zu erlangen. Für 1804 berechnet sich noch der Durchschnittspreis des Weizens auf weniger als 70 Schill.: 1805 und 1806 ist er 88. 1807 78, 1808 85, 1809 106, 1810 112. 1811 108, 1812 118 Schill. Diese hohen Durchschnitte haben noch viel extremere Preise in einzelnen Zeitpunkten zur Voraussetzung. Namentlich im Jahre 1812 kostete der schlecht ausgefallene englische Weizen bis 155, guter Danziger gar 180 Schill. (Tooke, History of prices I, 323). Die einzige Mafsnahme von dauernder Wirksamkeit zur Vermehrung der Zufuhren, die in diesen Jahren getroffen wurde, war das Gesetz von 1806 (46 Geo. 3 c. 97), das den Getreideverkehr zwischen Grofsbritannien und Irland vollkommen freigab.

Die Landwirte gewöhnten sich rasch an die hohen Preise und wurden unruhig, als ein Rückgang begann. Ende der achtziger Jahre war das Streben nach Gesetzen, wodurch die Einfuhr erschwert werde, rege geworden, als der Weizenpreis von etwa 54 auf 44 Schill. sank. 1804 war das Preisniveau wesentlich höher, und der Preis, der im Vergleich mit denjenigen, an die man sich durch einige Jahre gewöhnt hatte, als ungenügend erschien und durch staatliche Mafsnahmen gehoben werden sollte, war etwa 60 Schill. gewesen. Nun wollte man im Jahre 1812 auch die durch vorübergehende Umstände herbeigeführten, angesichts der Erfahrungen der ganzen Vergangenheit als übertrieben anzusehenden Preise mit Hülfe der Gesetzgebung möglichst konservieren. Im März 1813 setzte das Unterhaus einen Sonderausschufs ein, um die Verhältnisse des Getreideverkehrs zu untersuchen. Die Kommission betrachtete es als ihre Aufgabe, über die Mittel nachzudenken, wie der Einfuhr fremden Getreides, die zeitweise so stark gewesen war, ein Ende zu machen sei, der Bedarf der Nation sich im Lande selbst erzeugen lasse. Ohne allzu ausgedehnte Erhebungen angestellt zu haben, liefs sie im Juni 1813 durch ihren Vorsitzenden Sir Henry Parnell dem Unterhause die Grundzüge eines Gesetzesvorschlages übergeben. der dieses Ziel herbeiführen sollte. Danach sollte die Getreideausfuhr bei jedem Preise gestattet, die Prämie aufgehoben werden. Hinsichtlich der Einfuhr wollte man durch die entsprechende Normierung der Zölle bewirken, dafs fremdes Getreide nur zu einem Preise in das Land kommen könne, der über den Durchschnitt der Preise, die in den jedesmaligen letzten 20 Jahren gegolten hatten, um ein Fünftel hinausgehe. Der Vorschlag war nicht genügend durch Beweismittel unterstützt, um gegenüber dem starken Widerstand, den eine solche Verschärfung der Getreidegesetze finden mufste, sofort zur Annahme gelangen zu können, und Parnell liefs ihn, nachdem längere Zeit darüber verhandelt worden war, für die laufende Session fallen. Aber er kam darauf zurück, als das Parlament sich im Spätherbst wieder versammelte. Inzwischen war nach einer ausgezeichneten Ernte der Getreidepreis stark zurückgegangen, und mit desto gröfserer Ungeduld drangen deshalb die Verteidiger der landwirtschaftlichen Interessen auf ein gesetzgeberisches Vorgehen. Aber auch der Widerstand, den diese Bestrebungen naturgemäfs in den Kreisen der Industrie und überhaupt bei der städtischen Bevölkerung finden mufsten, erwachte und organisierte sich. Die Streitfrage regte im Lande die Gemüter heftig auf und wurde mit Eifer der Erörterung unterzogen, ehe noch die Volksvertretung, durch die Erledigung der laufenden Geschäfte in Anspruch genommen, in ihre Behandlung eintreten konnte. Zahlreiche schriftstellerische Beiträge zu ihrer Beleuchtung wurden veröffentlicht. Der bedeutendste darunter war sicherlich derjenige, der von Malthus herrührte und in der ersten der drei folgenden Abhandlungen, den „Bemerkungen über die Wirkungen der Getreidegesetze", hier wiedergegeben wird.

Die Schrift erschien in zwei Auflagen im Frühjahr, wahrscheinlich im April und nochmals im Mai, 1814; eine dritte Ausgabe, die im Text unverändert blieb und nur durch einige neue Anmerkungen vermehrt war, wurde im Januar 1815 veröffentlicht. Es ist eine hervorragende Arbeit von bleibendem Wert. Wenn der Verfasser es auch nur als seine Aufgabe erklärte, die Gründe für und wider eine schutzzöllnerische Getreidepolitik zu sammeln, ohne Schlufsfolgerungen zu ziehen, so ist doch unverkennbar, dafs die Zahl und die Kraft der angestellten Erwägungen überwiegend zu Gunsten der Freigebung des Verkehrs sprechen. Fast die einzige bedeutungsvolle Betrachtung, die er dagegen anführt, ist die ausgesprochene Befürchtung, dafs einmal fremde Nationen im Widerspruch mit ihren eigenen Interessen aus Feindseligkeit den Verkauf ihrer landwirtschaftlichen Erzeugnisse verweigern könnten, eine Möglichkeit, deren Verwirklichung er selbst sofort als sehr unwahrscheinlich, als „kaum zu erwarten" erklärt (S. 20). Dagegen findet er, dafs die Freiheit des Getreidehandels den Preis niedriger und stetiger mache (S. 19 und 20) und zur Blüte der Industrie führe, die ihm wiederum als Vorbedingung jedes höheren Kulturzustandes erscheint (S. 18 und 22). Er hat sich weit von dem Standpunkt entfernt, den er im „Bevölkerungsgesetz" eingenommen hatte; die hohe Entwickelung der Industrie setzt ihn nicht in Furcht, und ein Getreideanbau, der noch einen Überschufs zur Ausfuhr erzeugt, erscheint ihm nicht mehr als Notwendigkeit (vergl. S. 31). Namentlich aber auch im theoretischen Verständnis der Erscheinungen ist er seit der früheren Untersuchung bedeutend fortgeschritten. Damals wufste er vom Getreidepreise kaum mehr, als dafs er von Angebot und Nachfrage bestimmt werde; er ist in den Industrieländern hoch, weil sich dort zu viel Arbeitskräfte dem Boden abwenden (3. Aufl. II, 222) und man, weil man reich ist, viel zahlen kann (ebenda II, 225). Jetzt aber zeigt er sich durchdrungen von der Bedeutung, welche die Produktionskosten haben. Nach der Güte des Bodens, der das Getreide liefert, richtet sich sein Preis (S. 13, 15); der Preis richtet sich nach der Gröfse des Bedarfs, weil dieser die für seine Befriedigung aufzuwendenden Kosten bestimmt (S. 15, 16); in den reichen und bevölkerten Ländern sind die Herstellungskosten des Getreides höher, und aus diesem Grunde die Preise (S. 30) — soweit gehen schon die Einsichten, die Malthus gewonnen hat. Wenn er übrigens für den Fall, dafs eine Einfuhrbeschränkung beschlossen werde, eine feste Abgabe, keine nach den jeweiligen Verkaufspreisen wechselnde empfiehlt (S. 32), so liegt auch darin eine Bevorzugung des freihändlerischen Standpunktes, und zwar schon darum, weil eine solche feste Abgabe, die auch bei teuern Getreidepreisen gelten soll, niedrig sein mufs.

Soweit macht Malthus allerdings einen bestimmten praktischen Vorschlag, dafs er vorerst von einer Abänderung der Gesetze abzusehen rät. Nichts anderes aber war da-

mals die Forderung eines grofsen Teils der Gegner, die
den agrarischen Bestrebungen erwuchsen. Der Widerspruch,
der sich gegen die Vorschläge der Parlamentskommission
erhob, wurde vielfach darauf gestützt, dafs die Frage nicht
genügend geklärt sei, und gipfelte deshalb in dem Verlangen, dafs mit der Entscheidung noch gewartet werde.
Der grofsen Aufregung gegenüber, welche die ganze Bevölkerung ergriff, fanden nach einiger Zeit die Vertreter
der landwirtschaftlichen Interessen es selbst angezeigt, sich
auf diesen Standpunkt zu stellen. Nachdem das Unterhaus
einen Monat hindurch über den Gegenstand beraten hatte,
beschränkte man sich darauf, die Freiheit der Getreideausfuhr bei jedem Preise gesetzlich zu bestimmen (54 Geo. 3 c. 69);
die Veränderung der Vorschriften über die Einfuhr wurde
verschoben. Beide Häuser setzten aber Ausschüsse ein, die
neue Erhebungen anstellen sollten, um eine spätere Gesetzgebung darauf zu stützen.

Die von beiden Ausschüssen gesammelten Thatsachen
konnten dem Parlament vorgelegt werden, als es im November 1814 wieder seine Sitzungen aufnahm. Der Ausschufs des Unterhauses hatte auch sein Gutachten hinzugefügt, das dahin ging, die englische Landwirtschaft solle
durch Zölle geschützt werden, damit sie in normalen Zeiten
den vollen Bedarf der Nation erzeuge. Und nun war es
nicht mehr eine Partei oder Interessengruppe, welche die
Veränderung der Zollgesetze betrieb, sondern die Regierung
selbst nahm die Angelegenheit in ihre Hände. Allerdings
blieb zunächst das Parlament nur kurz versammelt, um
sich dann bis zum neuen Jahre zu vertagen. Dann sollte
jene Gesetzgebung beraten und erledigt werden, die darauf
abzielte, dauernd hohe Getreidepreise herbeizuführen.

In diesem Zeitpunkt, als eine Regierungsvorlage, die
erhöhte Zölle enthalten sollte, unmittelbar bevorstand, trat
Malthus mit zwei neuen Schriften, die den Gegenstand be-
trafen, an die Öffentlichkeit, mit der zweiten und dritten
der nachstehend wiedergegebenen Abhandlungen. Sie sind
Ende Januar oder in den ersten Tagen des Februar 1815
erschienen, und zwar die Schrift über die Bodenrente einige
Tage vor der andern. Das Erscheinen beider diente demselben Zweck, und doch sind sie im höchsten Mafse von
einander verschieden.

Die „Gründe einer Meinung", wie im Titel der letzten

Abhandlung die Anfangsworte lauten, sind eine reine Parteischrift. Und es ist zugleich die Schrift eines Parteimannes, der zu den Anschauungen, die er vertritt, sich erst neu und plötzlich bekehrt hat. Vergeblich legt Malthus darauf Gewicht, dafs er sich im vorigen Jahr in den „Bemerkungen" noch auf keine bestimmte Meinung verpflichtet habe; denn den Gründen, die er damals aufgeführt und geordnet hatte, entsprach nur eine solche Entscheidung, die weitab lag von derjenigen, die er jetzt trifft. Wenn aber wirklich eine Meinungsänderung angenommen werden mufs, so sind dafür die äufseren Umstände, auf die Malthus sich beruft, die neuen Thatsachen, von denen er sagt, dafs sie auf ihn Eindruck gemacht haben, keine genügende Rechtfertigung. Alle diese neuen Vorgänge waren zu wenig verschieden von den bereits geläufigen Erfahrungen, als dafs sie diejenige Festigkeit, die man von einer wissenschaftlichen Überzeugung in einer grofsen Principienfrage fordert, hätten erschüttern dürfen.

Auch die Arbeit über die „Bodenrente" wurde von Malthus veröffentlicht, um die Mafsregeln, die eine Erhöhung der Getreidepreise bewirken sollten, zu rechtfertigen. Zweierlei, was er nachwies, schien ihm für diesen Zweck geeignet. Einmal zeigte er, dafs die Bodenrente nicht gleicher Art sei mit dem Einkommen desjenigen, der sich ein Monopol zu sichern weifs. Dann entwickelte er auch, warum hohe Rentenbezüge der Grundbesitzer eine notwendige Begleiterscheinung des allgemeinen Wohlstandes und der wirtschaftlichen Blüte bilden. Freilich ist der Wert der Schrift über die „Bodenrente" ganz unabhängig von der Wirkung, die sich der Verfasser davon versprach, von dem praktischen Zweck, den er damit erreichen wollte. Sie ist eine der bedeutendsten Arbeiten der ganzen nationalökonomischen Litteratur. Reich an grofsartigen neuen Gesichtspunkten, hat sie der Wissenschaft die stärksten Anregungen gegeben und ihrem Besitz äufserst wichtige Wahrheiten zugeführt. Auch in praktischer Hinsicht hat sie alsbald auf weite Kreise einen grofsen Eindruck hervorgebracht, wenn auch den entgegengesetzten von dem, den Malthus bezweckt hatte.

Die drei Abhandlungen haben aufser in den ersten Monaten nach ihrem Erscheinen in der Litteratur lange Zeit wenig Beachtung gefunden. Erst neuerdings hat der

Herausgeber in den „Untersuchungen zur Geschichte der Nationalökonomie" (I, 90—116) die Wichtigkeit der Schrift über die Bodenrente wieder betont und ihren Inhalt analysiert, später auf die theoretisch bedeutenden Stellen in den „Bemerkungen über die Getreidezölle" hingewiesen (Jahrbücher für Nationalökonomie Bd. 50 S. 454). Seitdem hat auch Cannan, theils in einem Aufsatz im Economic journal, theils in seinem Buch Theories of production and distribution in English political economy die Abhandlungen in Betracht gezogen, um Malthus' Einwirkung auf die Fortschritte, die in der Lehre von der Güterverteilung gemacht worden sind, zu würdigen.

Eine erneute Veröffentlichung dürften sie verdienen wegen des wichtigen und bestrittenen Gegenstandes, den sie besprechen und auf den sie Licht werfen, wegen des Einflusses, den sie durch neue theoretische Sätze auf die Entwickelung der Wissenschaft geübt haben, und wegen der Persönlichkeit ihres Verfassers, für dessen Eigenart sie überaus bezeichnend sind.

Bemerkungen

über die

Wirkungen der Getreidegesetze

und eines

Steigens oder Fallens der Getreidepreise

auf die

Landwirtschaft

und

den allgemeinen Wohlstand des Landes.

Von

Ehrw. **T. R. Malthus**,
Professor der politischen Ökonomie*) an der Ostindischen Lehranstalt
in Hertfordshire.

———————

London 1814.

*) In der dritten Auflage: Professor der politischen Ökonomie und Geschichte.

Bemerkungen u. s. w.

Eine Veränderung der Getreidegesetze soll, wie man weifs, sofort zur Beratung des gesetzgebenden Körpers kommen. Man wird zugeben, dafs es für die Dauer der zu treffenden Mafsnahmen wie für die von ihnen zu erwartenden Wirkungen von höchster Bedeutung ist, die Entscheidung über einen derartigen Gegenstand auf eine eingehende und einsichtsvolle Beleuchtung der ganzen Frage zu gründen.

Der Versuch, zu dem Besitz von Kenntnissen, die zu einer derartigen Beschlufsfassung nötig sind, etwas beizutragen, kann einer Entschuldigung nicht bedürfen. Es mag ja für wahrscheinlich gehalten werden, dafs nur in geringem Mafse neues Licht über einen Stoff verbreitet werden kann, welcher infolge der in unserm Lande befolgten Politik so häufig Gegenstand der Erörterung gewesen ist; aber nach der reiflichsten Überlegung, die ich ihm widmen konnte, scheint es mir, wie ich gestehen mufs, als ob in Bezug auf das Für und das Wider der Frage einige wichtige Erwägungen vernachlässigt worden wären und dafs die Wirkungen der Getreidegesetze und eines Steigens oder Fallens der Getreidepreise auf die Landwirtschaft und den allgemeinen Wohlstand des Staates noch nicht vollständig der Öffentlichkeit dargelegt worden sind[a]).

Wenn dies der Fall ist, so kann ich nicht umhin, es in gewissem Mafse der sehr eigenthümlichen Beweisführung zuzuschreiben, die Adam Smith in seiner Erörterung über die Ausfuhrprämie für Getreide vorgebracht hat. Diejenigen, welche mit dem „Reichtum der Nationen" vertraut sind, werden wissen, daſs dessen groſser Verfasser bei dieser Gelegenheit jene umfassenden, erhabenen und beinahe unwiderleglichen Gründe völlig zurücktreten lieſs, die nach den allgemeinen Principien der Nationalökonomie gegenüber jeder mit Prämien und Beschränkungen vorgehenden Gesetzgebung in Menge sich geltend machen lassen, und daſs er einen Grund betont, der nur auf das Getreide allein passen soll.

Es ist nicht erstaunlich, daſs eine so groſse Autorität den Erfolg hatte, die Aufmerksamkeit der Verfechter beider Standpunkte in der Frage in besonderer Weise gerade auf diesen Beweisgrund zu lenken. Diejenigen, welche mit Adam Smith dieselbe Lehre verteidigten, haben sie annähernd in derselben Weise behandelt. Obgleich sie auf die andern allgemeineren und zutreffenderen Gründe gegen Prämien und Beschränkungen angespielt haben mögen, so schienen sie doch durchgehends ihre ganze Zuversicht auf den eigenartigen und besonderen Beweis zu setzen, der aus der Natur des Getreides entnommen war.

Andrerseits waren die Vertreter der entgegengesetzten Anschauung, sobald sie glaubten, jenen besonderen Beweisgrund mit Erfolg bekämpft zu haben, zu geneigt — ohne auf die gewichtigeren und erheblicheren Argumente, die unerwähnt blieben, besonders Rücksicht zu nehmen — die Streitfrage als abgethan zu betrachten [b]).

In die letztere Klasse von Schriftstellern muſs ich mich selbst einschlieſsen. Ich dachte immer und denke noch, daſs jener besondere Beweisgrund des Adam Smith durchaus unrichtig ist und nicht aufrechterhalten werden kann, ohne das groſse Gesetz von Angebot und Nachfrage zu durchbrechen und mit dem allgemeinen Geist und Zweck der Betrachtungen in Widerspruch zu geraten, die den „Reichtum der Nationen" erfüllen. Ich bin jedoch gerne zu dem Geständnis bereit, daſs meine Aufmerksamkeit, als ich bei einer früheren Gelegenheit die Getreidegesetze besprach, zu sehr von dieser einen und eigentümlichen Betrachtung des Gegenstandes in Anspruch genommen war, um die andern dazu gehörigen Beweisgründe gebührend zu würdigen [c]).

Ich beeile mich, einen Irrtum, dessen ich mir bewuſst werde, zu berichtigen. Indessen ist es bei der gegenwärtigen Gelegenheit nicht meine Absicht, eine Meinung über die Frage selbst auszusprechen. Ich werde mich nur bemühen, mit der strengsten Unparteilichkeit darzulegen, was mir als Vorteil, was als Nachteil der beiden möglichen Entschliefsungen unter den thatsächlichen Verhältnissen der jetzigen Lage erscheint, und welches die eigentümlichen Folgen sind, die bei der Annahme der einen oder der andern erwartet werden können. Mein Hauptzweck ist der, zur Beschaffung des Materials zu einem gerechten und einsichtsvollen Entschlufs etwas beizutragen, und wie die Entscheidung auch sein möge, einer Enttäuschung vorzubeugen, falls die Wirkungen der Mafsnahmen nicht so ausfallen, wie sie vorher in Aussicht genommen waren. Nichts würde so nachdrücklich dazu beitragen, die allgemeinen Gesetze der Nationalökonomie in übeln Ruf zu bringen und ihre Verbreitung zu verhindern, als wenn sie bei irgend einer Gelegenheit auf Erwägungen gestützt würden, die wiederholte und unzweideutige Erfahrung später als trügerisch erweisen müfste.

Wir müssen deshalb damit beginnen, die Richtigkeit der Adam Smithschen Beweisführung zu untersuchen, da wir angemessenerweise nicht zur Hauptfrage schreiten können, bevor dieser einleitende Punkt erledigt ist.

Der Kern seiner Beweisführung ist der, Getreide sei von so eigenartiger Beschaffenheit, dafs sein Sachwert nicht durch eine Erhöhung des Geldpreises gesteigert werden könne, und da offenbar eine Steigerung des Sachpreises allein zu seiner Produktion ermuntern kann, so könne das Steigen des Geldpreises, welches durch eine Prämie bewirkt wird, keinen solchen Erfolg haben.

Es ist keineswegs meine Absicht, den mächtigen Einflufs des Kornpreises auf den Preis der Arbeit im Durchschnitt einer gröfseren Anzahl von Jahren abzuleugnen, aber dafs dieser Einflufs die Bewegung des Kapitals vom und zum Boden — und das ist der springende Punkt in der Frage — nicht hindern kann, wird zur Genüge klar werden durch eine kurze Untersuchung der Art, wie die Arbeit bezahlt wird und auf den Markt kommt, und durch eine Überlegung der Folgen, zu denen die Annahme der Adam Smithschen Ansicht unvermeidlich führen würde.

Wenn wir zunächst nach den Ausgaben der arbeitenden Klassen der Gesellschaft fragen, so werden wir finden, dafs sie keineswegs ausschliefslich für die Nahrung und noch weniger natürlich blofs für Brot oder Korn erfolgen. Wenn ich jene Fundgrube von Belehrung für alles, was sich auf

Preise und Arbeitslohn bezieht, das Werk des Sir Frederick Morton Eden „über die Armen" durchgehe, so finde ich, dafs in einer Arbeiterfamilie von annähernder Durchschnittsgröfse die Bedürfnisse für Hauszins, Brennmaterial, Seife, Lichter, Thee, Zucker und Kleidung im allgemeinen denen für Brot und Mehl gleichkommen. Bei einem ganz rohen Überschlag kann das Ganze in fünf Teile geteilt werden, von welchen zwei auf Brot oder Mehl kommen, zwei Teile auf die obenerwähnten Gegenstände und ein Teil auf Fleisch, Milch, Butter, Käse und Kartoffeln[d]). Die Einteilungen sind natürlich beträchtlichen Schwankungen unterworfen, die sich aus der Gröfse der Familie und der Gröfse des Verdienstes ergeben. Wenn sie sich der Wahrheit aber auch nur nähern, so mufs ein Steigen des Getreidepreises nur eine langsame und teilweise Wirkung auf den Arbeitslohn ausüben. Fleisch, Milch, Butter, Käse und Kartoffeln werden langsam von dem Getreidepreise beeinflufst, Hauszins, Ziegel, Steine, Bauholz, Brennmaterial, Seife, Lichter und Kleidung noch langsamer, und soweit einige von ihnen teilweise oder ganz aus ausländischen Rohstoffen hervorgehen (wie es bei Leder, Leinwand, Baumwolle, Seife und Lichtern der Fall ist), so können sie als unabhängig von ihm angesehen werden, ebenso wie die beiden übrigen Artikel, Thee und Zucker, die ihrem Betrage nach keineswegs unwichtig sind.

Es ist daher offenbar, dafs der Arbeitslohn im ganzen niemals in demselben Verhältnis fallen oder steigen kann, wie der Getreidepreis Schwankungen unterliegt. Dafs überdies die Wirkung, die durch diese Schwankungen hervorgebracht wird, wie grofs sie auch sein mag, sehr langsam eintritt, ergiebt sich aus der Art, wie das Angebot der Arbeit sich vollzieht, ein Punkt, dem noch keineswegs die genügende Beachtung geschenkt worden ist.

Jede Veränderung in den Warenpreisen wird, wenn diese in voller Freiheit sich auf ihre natürliche Höhe stellen, durch irgend eine eingetretene oder erwartete Veränderung in der Beschaffenheit der Nachfrage oder des Angebots hervorgerufen. Der Grund, warum der Konsument eine Steuer auf irgend ein Fabrikat oder einen Preisaufschlag, der in irgend einem ihrer Bestandteile eingetreten ist, bezahlt, ist der, dafs die Ware nicht in der gleichen Quantität wie früher geliefert wird, falls er diesen Preisaufschlag nicht bezahlen kann oder will; und im kommenden Jahre wird nur der Teil auf dem Markte sein, der jener Anzahl von Personen entspricht, die einwilligen, die Steuer zu bezahlen. Dagegen hinsichtlich der Arbeit ist der Vorgang des Zurückziehens der Ware viel langsamer und empfindlicher. Wenn auch die Käufer sich weigern, den erhöhten Preis zu bezahlen, so wird doch unvermeidlich derselbe Vorrat nicht nur im nächsten Jahre, sondern auch in einigen darauffolgenden auf dem Markte bleiben. Folglich: wenn die Nachfrage nicht wächst und die Erhöhung im Preise der Nahrungsmittel nicht grofs genug ist, dafs die Unmöglichkeit für den Arbeiter, seine Familie zu erhalten, offen zu Tage tritt, so wird wahrscheinlich er es sein, der diese Erhöhung solange weiter tragen mufs, bis ein Nachlassen in der Bevölkerungszunahme bewirkt, dafs der Markt mit Arbeit ungenügend versorgt ist; dann wird natürlich die Konkurrenz unter den Käufern den Preis stärker, als dem Aufschlag der Nahrungsmittel entspricht, erhöhen, damit das Angebot wiederhergestellt wird. Ebenso stellt sich, wenn eine Erhöhung im Preise der Arbeit in zwei oder drei Jahren grofser Teuerung stattgefunden hat, bei einem wiederkehrenden Überflufs der Sachlohn der Arbeit wahrscheinlich für einige Zeit höher als auf den gewöhnlichen Durchschnitt, bis ein zu rasches Anwachsen der Bevölkerung eine Konkurrenz unter den Arbeitern und demzufolge eine Herabsetzung des Arbeitspreises unter den herkömmlichen Satz bewirkt.

Diese Schilderung der Art und Weise, wie man nach den Gesetzen, welche den Fortschritt der Bevölkerung regeln, eine Einwirkung des Getreidepreises auf den Arbeitspreis erwarten kann, zeigt augenscheinlich, dafs Getreide und Arbeit selten gleichen Schritt zusammen halten, sondern oft um eine hinlängliche Gröfse und während einer hinlänglichen Zeit sich trennen müssen, um einen Umschwung in der Richtung, die das Kapital einschlägt, hervorzubringen.

Als eine weitere Bestätigung dieser Wahrheit mag es nützlich sein, zum zweiten die Folgen zu betrachten, zu denen die Annahme der Adam Smithschen Ansicht unvermeidlich führen würde.

Wenn wir annehmen, dafs der Sachpreis des Getreides unveränderlich sei, d. h. unfähig, im Vergleich zur Arbeit und zu andern Waren eine relative Erhöhung oder Abnahme

im Werte zu erfahren, so folgt, dafs der Ackerbau ein- für
allemal von der Wirkung jenes Gesetzes ausgeschlossen ist,
das Adam Smith so schön auseinandergesetzt und veranschau-
licht hat, und wonach das Kapital, den verschiedenen und
notwendigerweise schwankenden Bedürfnissen der Gesellschaft
entsprechend, von einer Verwendung zur andern fliefst").
Es folgt, dafs der Anbau von Getreide zu allen Zeiten
und in allen Ländern in einem gleichmäfsigen, stetigen
Schritt sich entwickelt hat, der lediglich durch die gleich-
förmige Vergröfserung des landwirtschaftlichen Kapitals
bestimmt wurde, und dafs er unmöglich jemals durch
Schwankungen in der Nachfrage beschleunigt oder zurück-
gehalten worden ist. Es folgt, dafs, wenn ein Land zufällig
mit Getreide überfüllt oder zu wenig damit versehen wäre,
kein wirtschaftlicher Beweggrund bestände, das Kapital im
einen Falle der Landwirtschaft zu entziehen oder im andern
ihr zuzuwenden und so das Gleichgewicht zwischen den
verschiedenen Arten der Produktion herzustellen. Diese
Folgerungen aber, die aus der Lehre, dafs der Getreidepreis
die Preise der Arbeit und aller andern Waren unmittelbar und
ausschliefslich bestimme, unweigerlich sich ergeben würden,
widersprechen so vollständig jeder Erfahrung, dafs die Lehre
selbst unmöglich wahr sein kann, und wir können überzeugt
sein, dafs, welchen Einflufs auch der Getreidepreis auf
andre Waren haben mag, jener weder so direkt, noch so
ausschliefslich ist, dafs diese Art von Erzeugnis eine Ausnahme unter allen andern bildet.

Dafs hinsichtlich des Getreides eine derartige Ausnahme
nicht besteht, ist in allen allgemeinen Betrachtungen des
„Reichtums der Nationen" vorausgesetzt. Adam Smith fühlte
dies offenbar, und wo er daher die Frage nicht vom Tauschwert des Getreides auf dessen physikalische Eigenschaften
hinüberspielt, drückt er sich mit einem ungewöhnlichen
Mangel an Schärfe aus und beschränkt seine Behauptungen
durch Ausdrücke wie „viel" und „in irgend welchem beträchtlichen Grade" f). Man sollte sich jedoch ins Gedächtnis
zurückrufen, dafs die mit diesen Einschränkungen vor-
gebrachte Betrachtung den ausdrücklichen Zweck hat zu
zeigen, dafs das Steigen des Preises, das zugestandener-
mafsen bei der ersten Einführung einer Prämie folgt, nur
dem Namen nach und nicht in Wirklichkeit besteht. Was
ich nun hier unzweideutigerweise behaupten möchte, ist,

dafs eine Erhöhung des Preises, die durch eine Ausfuhrprämie oder durch Beschränkungen der Getreideeinfuhr bewirkt wird, nicht weniger wirklich[1] sein kann als ein Preisaufschlag in demselben Betrage, der durch eine Reihe schlechter Jahrgänge, eine Zunahme der Bevölkerung, den raschen Fortschritt des im Handel sich ansammelnden Reichthums oder durch irgend eine andre natürliche Ursache herbeigeführt ist; und dafs, wenn Adam Smiths Behauptung mit ihren Einschränkungen für den Zweck, zu dem sie aufgestellt ist, Geltung hat, sie ebensogut auf eine Preiserhöhung pafst, die durch eine natürliche Nachfrage verursacht wird.

Nehmen wir z. B. ein Wachsen der Nachfrage und eine Preissteigerung beim Getreide an, die durch einen ungewöhnlich günstigen Stand unsrer Fabrikation und unsres ausländischen Handels herbeigeführt wären — ein Fall, dessen Zeugen wir selber häufig gewesen. Nach den Gesetzen des Angebots und der Nachfrage und den allgemeinen Anschauungen des „Reichtums der Nationen" würde ein solches Steigen des Getreidepreises der Landwirtschaft einen entschiedenen Antrieb geben, und mehr als die gewöhnliche Menge Kapital würde auf den Grund und Boden verwendet werden, wie es in unserm Lande während der letzten zwanzig Jahre offenbar der Fall war. Nach der eigentümlichen Beweisführung von Adam Smith aber hätte der Landwirtschaft ein derartiger Antrieb nicht gegeben werden können. Der Erhöhung des Getreidepreises wäre unmittelbar eine gleichgrofse Steigerung des Preises der Arbeit und aller andern Waren gefolgt; und obwohl der Pächter und der Grundbesitzer im Durchschnitt für ein Quarter ihres Getreides statt 60 Schillinge 75 bekommen hätten, so wäre der Pächter doch nicht imstande gewesen, besser zu bauen, und der Grundbesitzer nicht, besser zu leben. Und so würde sich ergeben, dafs der Ackerbau aufserhalb der Wirkung jenes Gesetzes steht, welches das Kapital einer Nation nach den Schwankungen des Kapitalgewinns in den verschiedenen Unternehmungen verteilt, und dafs zu keiner Zeit und in keinem Lande ein Preis-

---

[1] Es ist wahr, dafs die Pächter ihren Teil zu der Steuer bezahlen, welche zu dem Zwecke erhoben wird, die Prämie zu geben; es ist dies jedoch so unbedeutend, dafs es ganz vernachlässigt werden kann (Zusatz der 3. Auflage).

aufschlag zur Beschleunigung des Getreidebaues oder zur Mehranlage von Kapital in der Landwirtschaft nennenswert beitragen kann.

Die Erfahrung eines jeden, der sieht, was in der Landwirtschaft vorgeht, sowie die Anschauungen und die Handlungsweise der Pächter wie der Grundbesitzer widersprechen hinlänglich dieser Schlußfolgerung.

Adam Smith wurde offenbar zu diesem Gang seiner Beweisführung durch seine Gewohnheit veranlaßt, die Arbeit als festen Maßstab des Wertes und das Getreide als das Maß der Arbeit zu betrachten[g]). Daß jedoch das Getreide ein sehr ungenaues Maß der Arbeit ist, beweist in hohem Grade die Geschichte unsres Landes, wo man findet, daß die Arbeit im Vergleich zum Getreide sehr große und auffallende Schwankungen durchgemacht hat und zwar nicht nur von einem Jahre zum andren, sondern von Jahrhundert zu Jahrhundert und während 10, 20 und 30 Jahre zusammengenommen[1]. Und daß weder die Arbeit noch eine andre Ware ein genaues Maß für den realen Tauschwert sein kann, wird jetzt als eine der unbestreitbarsten Lehren der Nationalökonomie angesehen und entspringt in der That als notwendige Folge schon aus der Definition des Tauschwertes. Aber zuzugeben, das Getreide bestimme die Preise aller Waren, würde so viel heißen, als es sofort zum festen Maßstabe des realen Tauschwertes zu erheben, und wir müssen entweder die Wahrheit der A. Smithschen Behauptung in Abrede stellen oder anerkennen, daß das, was ganz unmöglich scheint, gleichwohl existiert, daß nämlich eine gegebene Menge Getreide, ungeachtet der Schwankungen, denen sein Angebot und seine Nachfrage unterworfen sein müssen, ungeachtet auch der Schwankungen, denen das Angebot und die Nachfrage aller andern Waren, mit denen es verglichen wird, unterworfen sein müssen, im Durchschnitt von einigen Jahren zu allen Zeiten und in allen Ländern dieselbe Menge Arbeit, Lebensbedürfnisse und Lebensannehmlichkeiten kaufen kann.

Es giebt in der Nationalökonomie zwei offenbare Wahrheiten, die nicht selten zu Quellen des Irrtums geworden sind.

---

[1] Von der Regierung Eduards III. bis zur Regierung Heinrichs VII. stieg ein Tageserwerb, in Getreide, von einem Peck bis zu beinahe ½ Bushel; und von Heinrich VII. bis zum Ende der Regierung Elisabeths fiel er von beinahe ½ Bushel bis auf wenig mehr als ½ Peck[h]).

Es ist unzweifelhaft wahr, dafs gerade so erfolgreich Korn gebaut und gerade so viel Kapital in der Landwirtschaft angelegt werden könnte zu dem Preise von 20 Schilling wie zu dem Preise von 700 Schilling das Quarter, wenn jede Ware, sowohl im In- wie im Auslande, sich genau nach dem verkleinerten Mafsstabe richtete. Geradeso, wie es streng richtig ist, dafs Industrie und Kapital einer Nation ganz genau dieselben wären (wenigstens mit der unwichtigen Ausnahme von Silbergeräte), wenn bei jedem Tausche im In- und Auslande nur ein Schilling gebraucht würde, wo man jetzt fünf braucht.

Aber aus diesen Wahrheiten zu schliefsen, dafs irgend welche natürlichen oder künstlichen Ursachen, die den Wert von Korn oder Silber erhöhen oder vermindern, als gleichgültige Dinge zu betrachten seien, wäre ein aufserordentlich grofser Irrtum. Praktisch genommen kann in dem Werte des einen oder andern keine wesentliche Veränderung vor sich gehen, ohne sowohl dauernde als zeitweilige Wirkungen hervorzurufen, welche einen äufserst mächtigen Einflufs auf die Besitzverteilung wie auf die Nachfrage und das Angebot einzelner Waren haben. Die Entdeckung der Minen von Amerika verdoppelte kaum den Preis der Arbeit, während sie gleichzeitig den Kornpreis auf das Drei- oder Vierfache erhöhte; und während sie die Kraft aller festen Einkommen für immer schwächte, verstärkte sie ungeheuer die Macht aller Grundbesitzer und Kapitalisten. In ähnlicher Weise mufs das Sinken des Getreidepreises gegen Mitte des letzten Jahrhunderts, was auch die Ursache davon war, da es eher von einem Steigen als einem Sinken des Arbeitspreises begleitet wurde, der Verwendung von Kapital in der Landwirtschaft relativ einen starken Einhalt gethan und der Bevölkerung relativ einen starken Antrieb gegeben haben; eine Lage der Dinge, die genau darauf berechnet war, den nachher eingetretenen Rückschlag hervorzurufen und uns von einer exportierenden in eine importierende Nation zu verwandeln[1].

---

[1] Dies ist in der That der wahre Grund gegen eine Ausfuhrprämie für Getreide. Wenn eine solche Prämie in einem Lande gegeben wird, in welchem der Produktionspreis des Getreides so niedrig ist wie bei seinen Nachbarn, so ist sie nach meiner Ansicht sicher darauf berechnet, nach einer Übergangszeit der Teuerung eine Periode der Wohlfeilheit hervorzurufen, nach dem von Adam Smith

Es ist keineswegs hinreichend für den von Adam Smith unternommenen Beweis, wenn der Preis des Getreides den Preis der Arbeit so lange bestimmt, als das Verhältnis von Angebot und Nachfrage genau das gleiche ist. Für seinen Zweck muſs er weiter noch nachweisen, daſs ein natürlich oder künstlich herbeigeführtes Steigen des Getreidepreises oder des Silberwertes keine Veränderung in der Besitzverteilung, noch auch in dem Angebot und der Nachfrage des Getreides und der Arbeit hervorbringt, — eine Behauptung, der alle Erfahrung widerspricht.

Nichts kann daher nach Theorie und Erfahrung augenscheinlicher sein, als daſs der Getreidepreis nicht direkt und ausnahmslos die Preise der Arbeit und aller andern Waren bestimmt, und daſs der Sachpreis des Getreides während hinlänglich groſser Zeiträume sich ändern kann, um auf die Landwirtschaft einen bedeutenden Antrieb oder eine Entmutigung auszuüben. Bei freier Konkurrenz kann jede Ware natürlich nur einer vorübergehenden Ermutigung oder Entmutigung unterworfen sein. Wir können das Kapital, das in der Landwirtschaft oder in der Baumwollindustrie angelegt ist, vermehren, aber es ist unmöglich, den Gewinn der Pächter oder einzelner Fabrikanten auf die Dauer über das Maſs anderer Gewinne zu erhöhen, und wenn eine gewisse Menge Kapital zugeströmt ist, werden die Gewinne natürlich ausgeglichen. Getreide ist in dieser Hinsicht denselben Gesetzen unterworfen wie die andern Waren, und der Unterschied zwischen ihnen ist keineswegs so groſs, wie er von Adam Smith angegeben wird.

Wenn wir also die vorliegende Frage erörtern, müssen wir die eigentümliche Anschauung über die Natur des Getreides fallen lassen, und indem wir die Möglichkeit zugeben, den Anbau durch Getreidegesetze zu ermuntern, müssen wir unser Hauptaugenmerk auf die Frage der Zweck-

---

festgestellten allgemeinen Gesetze, daſs eine groſse Nachfrage sehr leicht ein noch gröſseres Angebot bewirkt. Ich bin entschieden der Meinung, daſs die Prämie in England diese Wirkung während des zweiten Viertels des letzten Jahrhunderts hatte. Aber, wenn diese Periode der Wohlfeilheit kommt, so muſs sie notwendigerweise verhältnismäſsig die Landwirtschaft einschränken und die Volkszahl vermehren, was natürlich verhindert, daſs die Wohlfeilheit eine dauernde ist (Zusatz der 3. Auflage).

mäfsigkeit oder Unzweckmäfsigkeit eines solchen Verfahrens richten.

So lange unsre grofse Handelsblüte andauert, ist es kaum möglich, dafs wir mit Bezug auf Getreide wieder eine exportierende Nation werden. Die Ausfuhrprämie ist längst ein toter Buchstabe und wird es wahrscheinlich bleiben. Wir brauchen deshalb unter den jetzigen Verhältnissen unsre Untersuchung nur auf jene Einfuhrbeschränkungen des ausländischen Getreides zu richten, die eine Versorgung ohne Abhängigkeit vom Auslande bezwecken.

Die Entscheidung der Frage, ob die Fortdauer und Verschärfung der Getreidegesetze zweckmäfsig oder unzweckmäfsig sei, scheint mir von den drei folgenden Punkten abzuhängen:

Erstens: Ob unter der Voraussetzung der vollkommensten Freiheit der Ein- und Ausfuhr es wahrscheinlich ist, dafs Grofsbritannien und Irland vom Auslande unabhängig ihren Getreidebedarf bauen würden.

Zweitens: Ob eine vom Auslande unabhängige Produktion, wenn sie nicht auf natürlichem Wege kommt, ein wirklich wünschenswerter Zweck ist, der das Eintreten der Gesetzgebung rechtfertigt.

Und drittens: Wenn eine vom Ausland unabhängige Produktion als ein solcher Zweck angesehen wird, wie weit und durch welche Opfer sind Einfuhrbeschränkungen geeignet, das beabsichtigte Ziel zu erreichen?

Über den ersten Punkt darf bemerkt werden, dafs er selbstverständlich nicht nach allgemeinen Principien entschieden werden kann, sondern nach der Gröfse des Landes, seinem Boden, der Leichtigkeit des Anbaues und der Nachfrage nach Getreide sich richtet. Wir wissen, dafs es beinahe allen kleinen dichtbevölkerten Staaten dienlich ist, ihr Getreide zu importieren; und es ist aller Grund zur Annahme vorhanden, dafs sogar eine Nation mit grofser Landfläche, die eine sehr grofse fabrikarbeitende Bevölkerung hat und deren guter Boden vollständig bebaut ist, es billiger findet, einen beträchtlichen Teil ihres Getreides in andern Ländern, wo das Angebot im Vergleich zur Nachfrage reichlicher ist, zu kaufen. Wenn der Verkehr unter den einzelnen Ländern Europas vollständig leicht und frei wäre, so würde es keineswegs natürlich sein, dafs das eine Land ein grofses Kapital auf die Bebauung magerer Ländereien verwendete, während unweit davon ein im Vergleich damit

reicher Boden aus Mangel an wirksamer Nachfrage in ganz
unvollkommener Bebauung daläge. Das Fortschreiten der
landwirtschaftlichen Verbesserungen sollte naturgemäfs gleich-
mäfsiger erfolgen. Es ist freilich wahr, dafs die Anhäufung
von Kapital, die gröfsere Geschicklichkeit und die stärkere Bevölkerung in gewissen Gegenden günstigere Bedingungen des
Anbaues bewirken können, die ärmere Nationen nicht besitzen;
doch darf man nicht erwarten, dafs diese Vorteile die grofsen
Unterschiede in der Qualität des Bodens und in den Kosten
der Bebauung ausgleichen. Und man kann sich nicht vorstellen, dafs bei sehr grofser Ungleichheit in der Nachfrage nach Getreide in verschiedenen Ländern, welche durch
eine sehr grofse Verschiedenheit in der Anhäufung des
Handels- und Industriekapitals und in der Zahl der grofsen
Städte bewirkt wird, eine Gleichheit der Preise stattfinden kann, ohne dafs ein Teil des allgemeinen europäischen Vorrats von denjenigen Plätzen, an welchen die Nachfrage verhältnismäfsig ungenügend ist, nach denjenigen ver-
bracht wird, wo sie vergleichsweise übermäfsig ist.

Nach „Oddys Europäischem Handel" [i]) können die Polen
es fertig bringen, ihr Getreide zu 32 Schilling das Quarter
nach Danzig zu liefern. Die Kaufleute, die nach der Ostsee
Handel treiben, sollen der Ansicht sein, der Preis sei gegenwärtig ungefähr auf dieser Höhe [1], und es kann kaum be-
zweifelt werden, dafs die Getreideproduzenten in der Nähe
der Ostsee, falls sie auf einen stets offenen Markt in den
britischen Häfen rechnen dürften, speciell für diesen Zweck
Getreide bauen würden. Dieselbe Bemerkung gilt für Amerika,
und unter solchen Umständen würde es sich für beide Länder
noch lange Jahre lohnen, in viel gröfseren Mengen, als wir
jemals von ihnen empfangen haben, uns Getreidezufuhren
zu liefern.

Während der fünf Jahre von 1804 bis 1808, beide
eingeschlossen, betrug der Preis des Getreides ungefähr
75 Schillinge Gold das Quarter; doch zu diesem Preise
lohnte es sich besser für uns, einen Teil unsres Bedarfs

---

[1] Es geht aus den Beweisstücken, welche dem Parlament unter-
breitet wurden, hervor, dafs die in Metallgeld geschätzten Preise in
Danzig für Weizen während der vier Jahre, die mit 1813 endigten,
nicht höher als dieser Betrag waren, dafs jedoch, wenn die Ausfuhr
frei ist, die dortigen Preise beinahe vollständig nach denen unsres
Landes sich richten (Zusatz der 3. Auflage)[k].

zu importieren, als unser Land auf eine derartige Stufe des Anbaues zu bringen, dafs wir unsern Verbrauch selbst ziehen konnten. Wir haben schon gezeigt, wie langsam und unvollständig der Getreidepreis den Preis der Arbeit und einige andre Kosten der Bebauung beeinflufst. Ist es daher glaublich, dafs, wenn die Getreidepreise durch die Freigebung der Einfuhr ausgeglichen und auf ungefähr 55 Schillinge das Quarter vermindert würden, es sich für uns lohnen kann, im Verhältnis unsrer zunehmenden Bevölkerung unsre Landwirtschaft immer weiter auszudehnen oder auch nur unsere Produktion in ihrem gegenwärtigen Zustande zu erhalten?

Es ist ein grofser Irrtum anzunehmen, dafs die Wirkung, welche ein Sinken des Getreidepreises auf die Bebauung ausüben mufs, durch eine Verminderung der Pachtzinsen völlig ausgeglichen werden kann. Reicher Boden, der eine grofse reine Rente abwirft, kann allerdings, ungeachtet des sinkenden Wertes seiner Erzeugnisse, in seinem bisherigen Zustande erhalten bleiben, da eine Herabsetzung der Pacht dazu dienen kann, für dieses Sinken des Preises sowie für die gröfsere Höhe der Kosten, die einem reichen und hochbesteuerten Lande eigen ist, ganz schadlos zu halten. Auf geringem Boden jedoch wird der Pachtbetrag oft für diesen Zweck gar nicht ausreichen. Es giebt in unserm Lande viel Boden von einer Beschaffenheit, dafs die Kosten seiner Bebauung mit der Armenlast, den Zehnten und den Steuern es dem Pächter nicht ermöglichen, mehr als $\frac{1}{5}$ oder $\frac{1}{6}$ vom Werte des ganzen Erzeugnisses als Pacht zu entrichten. Wenn wir annehmen, dafs der Getreidepreis von 75 Schilling auf 50 Schilling das Quarter fiele, so würde das Ganze eines solchen Pachtzinses aufgezehrt werden, selbst wenn der Preis des ganzen Gutsertrags nicht in demselben Verhältnis wie der Getreidepreis zurückginge und man auch einen gewissen Rückgang im Preise der Arbeit in Anschlag bringt. Der geregelte Anbau eines derartigen Bodens, um Getreide davon zu ziehen, würde natürlich aufgegeben, und irgend eine noch so spärliche Weide wäre für den Grundbesitzer sowohl als für den Pächter vorteilhafter.

Aber ein Rückgang im Sachpreise des Getreides ist noch wirksamer, die künftige Verbesserung des Bodens zu verhindern, als schon verbessertes Land der Bebauung wieder zu entziehen. In allen in fortschreitender Entwickelung begriffenen Ländern ist der Durchschnittspreis des Getreides nie höher, als nötig ist, damit die durchschnittliche Zunahme der Produktion auch weiter erfolgen kann. Und obgleich weitaus der gröfsere Teil des angebauten Bodens in den meisten Ländern das bietet, was die Ökonomisten verfügbares Produkt nennen, d. h. einen Teil, der auch fehlen könnte, ohne die weitere Produktion zu verhindern, so giebt es gleichwohl, wenn man auf das Ganze des augenblicklichen Ertrags sieht und auf das Verhältnis, in welchem er zunimmt, keinen Teil, der so verfügbar ist. Bei der Verwendung frischen Kapitals auf den Boden zur Deckung der Bedürfnisse einer wachsenden Bevölkerung, möge dies frische Kapital angelegt werden, um mehr Boden unter den Pflug zu bringen oder den schon bebauten Boden zu verbessern, hängt die Hauptfrage immer von der erwarteten Einträglichkeit dieses Kapitals ab; und der Bruttogewinn kann um keinen Teil vermindert werden, ohne den Antrieb zu dieser Art von Anlage zu verringern. Jede Herabsetzung des Preises, welche nicht vollständig und sofort in gleichem Verhältnis durch einen Abschlag aller nötigen Ausgaben des landwirtschaftlichen Betriebs ausgeglichen wird, jede Grund-, jede Viehsteuer, jede Steuer auf die Bedürfnisse des Pächters werden in der Abrechnung mitsprechen, und wenn nach Abzug aller dieser Ausgaben der Preis des Erzeugnisses nicht eine angemessene Entschädigung für das verwendete Kapital nach dem üblichen Satz des Kapitalgewinns und dazu eine Rente übrig läfst, die wenigstens derjenigen gleichkommt, die der Boden in seinem vormaligen Stadium abwarf, so kann kein hinreichender Grund vorliegen, die beabsichtigte Verbesserung zu unternehmen.

Es war ein verhängnisvoller Irrtum im System der Ökonomisten, nur Produktion und Reproduktion in Betracht zu ziehen, nicht aber den Unterhalt für eine zunehmende Bevölkerung, dem ihre Grundsteuer die bedenklichsten Hindernisse bereitet hätte [1]).

Im ganzen wird man daher, wenn man die jetzige Menge der industriellen Bevölkerung in diesem Lande erwägt und mit der aller übrigen Länder Europas vergleicht, wenn man die Kosten, die mit dem Umbrechen von Weideland verbunden sind, den Preis der Arbeit und die Höhe der Steuern in Betracht zieht, wenige Dinge unwahrscheinlicher finden, als dafs Grofsbritannien von selbst unabhängig vom Auslande seinen Getreidebedarf bauen wird. Vielmehr kann nichts sicherer sein, als dafs, wenn der Weizenpreis in Grofsbritannien durch Freigebung der Einfuhr ungefähr auf dieselbe Höhe, die in Amerika und auf dem Kontinent herrscht, zurückgeht, und wenn unsre industrielle Blüte weiter fortschreitet, es für uns lohnend wäre, einen Teil unsrer heutigen Bevölkerung und wahrscheinlich fast den ganzen Bevölkerungszuwachs, den wir in den nächsten 20 bis 25 Jahren naturgemäfs zu erwarten haben, mit ausländischem Getreide zu ernähren.

Die nächste Frage, die zu erörtern ist, geht dahin, ob eine vom Auslande unabhängige Produktion, wenn sie nicht von selber sich ergiebt, ein wahrhaft erstrebenswertes Ziel ist, das ein Eingreifen der Gesetzgebung rechtfertigt.

Die allgemeinen Gesetze der Nationalökonomie lehren uns, alle unsre Waren da zu kaufen, wo wir sie am billigsten haben können, und es giebt vielleicht im ganzen Umfange der Wissenschaft keine allgemeine Regel, bei deren praktischer Anwendung seltener Ausnahmen sich rechtfertigen lassen. Bei der blofsen Rücksichtnahme auf die sofortige Gestaltung des Wohlstandes, der Bevölkerung und der Macht, dreier der natürlichsten und berechtigsten Ziele des Strebens einer Nation, kann ich mir kaum eine Ausnahme denken, da nur bei einer strengen Befolgung dieser Regel das Kapital eines Landes den höchsten Produktionsbetrag liefert.

Adam Smith behauptet mit Recht, dafs mittelst des Handels und der Industrie ein Land eine viel gröfsere Menge an Unterhaltsmitteln erlangen und folglich eine viel gröfsere Bevölkerung enthalten kann als mittelst seines eigenen Grundes und Bodens[m]). Hätten Holland, Venedig und Hamburg gescheut, für ihren Unterhalt von fremden Ländern abhängig zu werden, so wären sie für alle Zeiten ganz unbedeutende Staaten geblieben und hätten niemals die Höhe des Reichtums, der Macht und der Volkszahl erstiegen, zu der sie sich auf dem Gipfelpunkte ihrer Entwickelung erhoben haben.

Obgleich der Getreidepreis nur allmählich auf den Preis der Arbeit einwirkt und ihn niemals vollständig bestimmt, so übt er doch unzweifelhaft einen mächtigen Einflufs darauf. Eine recht vollkommene Freiheit unter den Nationen im Verkehr mit Getreide trägt in hohem Grade zur Ausgleichung der Preise und zur Herstellung eines überall gleich hohen

Wertes der Edelmetalle bei. Nun mufs man aber zugestehen, dafs ein Land, das besondere Vorzüge für den erfolgreichen Betrieb der Industrie besitzt, von seinen Vorteilen nur dann in vollem Mafse Gebrauch machen kann, wenn bei ihm der Preis der Arbeit und der andern Waren auf denjenigen den ausländischen Preisen entsprechenden Satz ermäfsigt wird, der aus der möglichst vollständigen Freiheit des Handels sich ergiebt.

Man hat manchmal Nachdruck darauf gelegt als auf einen Grund zu Gunsten der Getreidegesetze, dafs die grofsen Beträge, die das Land während der letzten zwanzig Jahre für ausländisches Getreide zu zahlen hatte, seinen Hülfsquellen nachteilig gewesen sein müssen und durch Hebung unsrer eigenen Landwirtschaft hätten erspart werden können"). Mit genau demselben Rechte könnte man behaupten, dafs wir jedes Jahr durch unsre Einfuhr, die 40 Mill. Pfd. Sterl. beträgt, verlieren und durch die Einschränkung eines so übermäfsigen Ankaufs gewinnen würden. Diese Ansicht aber kann nur aufrechterhalten werden, wenn man das oberste und grundlegendste Gesetz, das allen Handelsverkehr beherrscht, in Abrede stellt. Niemals findet ein Ankauf statt, sei es im Inlande oder im Auslande, ohne dafs, was man empfängt, nach der Schätzung des Käufers mehr wert ist, als was man hingiebt, und wir können uns vollständig überzeugt halten, dafs wir niemals Getreide oder andre Waren im Auslande kaufen, wenn wir nicht auf diese Weise unsern Bedarf in vorteilhafterer Art bestreiten, d. h. durch die Aufwendung eines kleineren Kapitalbetrages, als wenn wir es unternommen hätten, die Waren im Inlande zu erzeugen.

Es kann allerdings vereinzelt vorkommen, dafs in einem schlechten Jahr unsre Wechselkurse mit dem Auslande durch die Notwendigkeit, ungewöhnlich grofse Getreidemengen zu kaufen, gestört werden; aber darin liegt an sich ein sehr geringer Übelstand, der sich bald wieder ausgleicht, und der unter gewöhnlichen Verhältnissen ebenso leicht eintreten kann, wenn unsre durchschnittliche Einfuhr zwei Millionen Quarter beträgt, als wenn wir durchschnittlich unsern ganzen Verbrauch selbst erzeugen. Das Ungewöhnliche des Bedarfs ist in diesem Falle die einzige Ursache des Übelstandes; nicht aber die Höhe der durchschnittlichen Einfuhr. Im Gegenteil, die Gewöhnung des

Auslandes, die regelmäfsige Einfuhr zu liefern, würde eine verstärkte Einfuhr eher erleichtern als erschweren, und da im Grunde jeder Handel ein Tauschhandel ist, also die Fähigkeit zum Kaufen auf die Dauer nur infolge einer gröfseren Fähigkeit zum Verkaufen wachsen kann, so würden offenbar die fremden Länder, die uns mit Getreide versehen, ihre Fähigkeit, unsre Waren zu kaufen, vermehrt finden und so noch wirksamer die Blüte unsres Handels und unsrer Industrie fördern.

Man hat ferner seitens der Freunde der Getreidegesetze zu verstehen gegeben, dafs durch den Anbau unsres Bedarfs wir den Preis des Getreides in festeren Grenzen halten und einigermafsen stetig machen. Aber auch das ist eine Anschauung, die offenbar sich nicht behaupten läfst, da in unsrer jetzigen Lage wir nur dann uns veranlafst sehen können, unsern Bedarf zu erzeugen, wenn der Getreidepreis sehr erheblich über dem gewöhnlichen Preise im übrigen Europa gehalten wird.

Eine Ausfuhrprämie in einem einzelnen Lande kann gewissermafsen wie eine Produktionsprämie in Europa angesehen werden, und wenn die Produktionskosten des Getreides in dem Lande, wo die Prämie gewährt wird, nicht höher sind als in den übrigen Ländern, so wird eine solche Unterstützung offenbar nach einiger Zeit eine gewisse Wirkung haben, einen zeitweiligen Überflufs an Getreide und folglich einen Rückgang seines Preises hervorzurufen. Eine ähnliche Wirkung kann aber durch eine Beschränkung der Einfuhr durchaus nicht herbeigeführt werden. Ihr ganzes Ergebnis ist, den Vorrat auf dem Weltmarkte zu vermindern, den Getreidepreis nicht zu ermäfsigen, sondern zu erhöhen.

Sie hat aber auch nicht die Eigentümlichkeit, auf die Dauer die noch wichtigere Stetigkeit der Preise zu sichern. Allerdings, so lange das Land regelmäfsig ausländisches Getreide einführen mufs, wirkt ein hoher Einfuhrzoll dahin, dafs der Preis des inländischen dauernd hoch bleibt und in starkem Mafse die Ausdehnung des Getreidebaues veranlafst. Aber sobald die gewöhnliche Produktion auf die Höhe des gewöhnlichen Bedarfs gestiegen ist, hört die Preisstetigkeit auf. Ein fruchtbares Jahr bewirkt einen plötzlichen Preissturz, und weil das inländische Erzeugnis so bedeutend teurer ist als der Preis auf den übrigen europäischen Märkten, kann der Preissturz nur wenig durch eine Ausfuhr abgeschwächt werden. Man muſs zugestehen, daſs der freie Getreidehandel unter allen gewöhnlichen Verhältnissen nicht bloſs eine billigere, sondern auch eine weniger schwankende Versorgung mit Getreide gewährt.

Gegenüber diesen augenfälligen Vorzügen eines freien Getreidehandels, welches sind nun die Miſsstände, die davon befürchtet werden?

In erster Linie führt man an, daſs Sicherheit noch wichtiger sei als Reichtum, und daſs ein groſses Land, das leicht die Eifersucht des Auslandes erregt, dadurch daſs es für den Unterhalt eines erheblichen Teiles seiner Bevölkerung vom ausländischen Getreide abhängig wird, sich der Gefahr aussetzt, in den Zeiten der gröſsten Not seine wichtigsten Zufuhren plötzlich ausbleiben zu sehen. Daſs eine solche Gefahr nicht sehr groſs ist, wird man bereitwillig zugestehen. Es widerspräche ebenso sehr dem Interesse derjenigen Völker, die ein überschüssiges Produkt erzeugen, wie dem der Nationen, die dieses Produkt brauchen, wenn der Austausch zu irgend einer Zeit eine Unterbrechung erlitte, und ein reiches Land, das die Mittel hat, einen hohen Preis für sein Getreide zu zahlen, wird schwerlich Hungersnot leiden, so lange noch Getreide auf dem Weltmarkte zu kaufen ist.

Indessen ist doch zu bemerken, daſs wir in neuester Zeit von verschiedenen Seiten sehr auffällige Beispiele kennen gelernt haben, in denen Regierungen statt nach ihrem Interesse vielmehr nach ihrer Leidenschaft handelten. Und obgleich die Wiederkehr ähnlicher Verhältnisse kaum zu erwarten steht, so muſs man immerhin einräumen, daſs, wenn nur etwas ähnliches künftighin sich ereignete und wir dann, statt im groſsen und ganzen unsern Bedarf selbst herzustellen, für den Unterhalt von zwei Millionen unsrer Bürger auf fremde Länder angewiesen wären, die Notlage unsrer Industrie im Jahre 1812*) nichts bedeuten würde im Vergleiche mit der alles verheerenden Katastrophe, die dann einträte.

Nach den dem Parlamente in seiner letzten Session vorgelegten Ausweisen war im Jahre 1811 die ausgeführte Menge Getreide und Mehl eher gröſser als kleiner wie die eingeführte, und 1812 war der Überschuſs der Einfuhr, obgleich der Durchschnittspreis des Weizens auf 125 Schillinge das Quarter stand, für Getreide und Mehl nur etwa

100000 Quarter\[p\]). Seit 1805 war, teilweise als Wirkung der im Jahre 1804 erlassenen Getreidegesetze, aber noch mehr infolge der Schwierigkeit und der Kosten, die wegen der Verhältnisse in Europa[1] und Amerika das Hereinbringen von Getreide verursachte, der Getreidepreis so sehr gestiegen und hatte er unsrer Landwirtschaft einen solchen Antrieb gegeben, dafs wir mit der bedeutungsvollen Unterstützung Irlands[q]) uns rasch dem Zustande näherten, ohne Abhängigkeit vom Auslande unsern Bedarf zu erzeugen. Wenn also auch die Gefahr vielleicht nicht grofs ist, falls wir mit einem starken Bruchteil unsres Unterhaltes auf das Ausland angewiesen sind, so mufs doch zugestanden werden, dafs auch keine eigentliche Erfahrung vorliegt, welche Notstände während eines über weite Gebiete sich ausbreitenden Krieges eintreten könnten, wenn dann eine grofse Schwierigkeit, unsre Industrieerzeugnisse abzusetzen, und der unausweichliche Zwang, uns mit einer grofsen Menge ausländischen Getreides zu versehen, zu gleicher Zeit sich geltend machten.

Zweitens: Man kann sagen, das Vorhandensein eines übermäfsig grofsen Bruchteils von Industriearbeitern unter der Bevölkerung sei der Ruhe und dem Glücke des Landes nicht günstig. Abgesehen von den Schwierigkeiten, Getreide in das Land zu bringen, kommen hinsichtlich der Wege, die der Fabrikindustrie offen sind, und in Bezug auf die Leichtigkeit des Absatzes ihrer Erzeugnisse unaufhörliche Veränderungen vor. Nicht blofs während der letzten vier oder fünf Jahre, sondern während des ganzen Krieges waren die Löhne der gewerblichen Arbeit grofsen Schwankungen ausgesetzt[s]). Manchmal waren sie übermäfsig hoch, zu andern Zeiten im Verhältnis niedrig, und selbst während eines Friedens bleiben sie immer jenen Schwankungen ausgesetzt, die aus den Launen des Geschmacks und der Mode und aus der Konkurrenz andrer Länder entstehen. Diese Schwankungen führen naturgemäfs leicht zur Erzeugung von Unzufriedenheit, von Volksbewegungen und den Nachteilen, die sich daraus wieder

---

[1] Die Verhältnisse des Krieges bewirkten seit 1806 einen auffallenden Umschwung in der Ausfuhr aus Danzig. Nach der Aussage Solly's vor dem Oberhause war die durchschnittliche Ausfuhr 1802, 3, 4 und 5 227047 Lasten, während sie von 1806 bis einschliefslich 1813 nur 46158 Lasten war. Fast während dieser ganzen Zeit verboten die Franzosen die Ausfuhr (Zusatz der 3. Auflage)[r].

ergeben, und wenn wir dazu noch nehmen, dafs die Lebensweise und die Beschäftigung eines industriellen Arbeiters und seiner Familie, selbst wenn sie am günstigsten sich gestalten, der Gesundheit und der Tugend nicht vorteilhaft sind, so kann es nicht wünschenswert erscheinen, dafs ein sehr grofser Bruchteil der ganzen Gesellschaft aus Fabrikarbeitern bestehe. Reichtum, Volkszahl und Macht sind doch schliefslich nur wertvoll, wenn sie die Wirkung haben, die Summe menschlicher Tugend und menschlichen Glücks zu heben, zu mehren und zu sichern.

Aber wenn auch das Los des Einzelnen, der als gewöhnlicher Arbeiter in der Industrie beschäftigt wird, keineswegs beneidenswert ist, so sind doch die meisten Einflüsse, die der Zustand der Gesellschaft im ganzen durch Industrie und Handel erfährt, höchst wohlthätig. Sie erfüllen alle Klassen der Bevölkerung mit frischem Leben und mit Thatkraft, sie geben den unteren Ständen Gelegenheit, durch persönliche Vorzüge und Anstrengungen gesellschaftlich emporzusteigen, und eifern die höheren Stände an, ihren Ruhm nicht blofs im Rang und Reichtum zu suchen. Sie rufen Erfindungen hervor, fördern die Wissenschaft und die nützlichen Künste, verbreiten Verstand und Mut, flöfsen der Arbeiterklasse Sinn für feinere Bedürfnisse und Behaglichkeit ein, und, was das wichtigste ist, sie gestalten die Gesellschaft um, indem sie die Bedeutung des Mittelstandes verstärken, der hauptsächlich dafür entscheidend ist, ob in einem Lande Freiheit, Gemeinsinn und eine gute Regierung zu finden sind.

Wenn wir eine solche Gesellschaft mit einer blofs agrarischen vergleichen, so ist die erstere unzweifelhaft im ganzen als die überlegene anzusehen. Aber daraus folgt nicht, dafs nicht auch die Vorherrschaft der Industrie zu weit gehen kann, und dafs nicht von einem bestimmten Punkte aus die Übelstände, welche sich daraus ergeben, stärker wachsen als die Vorteile. Die Frage, soweit sie unser Land betrifft, geht nicht dahin, ob die industrielle Stufe der blofs landwirtschaftlichen vorzuziehen sei, sondern es handelt sich darum, ob ein Land, das die gröfste Industrie besitzt, von der die Geschichte weifs, aber zugleich eine Landwirtschaft, die noch einigermafsen damit Schritt hält, sein Glück vergröfsert sähe durch eine starke verhältnismäfsige Vermehrung seiner gewerblichen und eine verhältnismäfsige Abnahme seiner landwirtschaftlichen Bevölkerung.

Viele Probleme der Moral und Politik haben Ähnlichkeit mit der Aufsuchung der Maxima und Minima in der Differentialrechnung; wie hier giebt es immer einen Punkt, bei welchem eine gewisse Wirkung die gröfste ist, während sie diesseits und jenseits des Punktes immer mehr abnimmt. Wenn ich auf das dauernde Glück der unteren Volksklassen und ihre Bewahrung vor schweren Rückschlägen sehe, so bin ich nicht bedenklich, es für wünschenswert zu erklären, dafs unsre Landwirtschaft mit der Industrie Schritt hält, selbst wenn dafür das Opfer gebracht werden mufs, dafs das Wachstum der Industrie etwas verzögert wird; aber es ist eine andre Frage, ob die Klugheit empfiehlt, eine allgemein gültige Regel zu durchbrechen und den natürlichen Lauf der Dinge zu stören, um eine solche Gleichmäfsigkeit der Bewegung dauernd durchzuführen.

Drittens: Man kann geltend machen, dafs, wenn auch ein verhältnismäfsig niedriger Wert der Edelmetalle, also ein hoher Nominalpreis des Getreides und der Arbeit, eher ein Hindernis für den Handel und die Industrie bildet, die Wirkung davon für die Lohnarbeiter auf die Dauer eine günstige ist.

Verdienen die Arbeiter zweier Länder dieselbe Menge Getreide, ist aber der Nominalpreis dieses Getreides in dem einen Lande 25 % höher als in dem andern, so ist die Lage der Arbeiter da entschieden die günstigere, wo der Getreidepreis der höhere ist. Beim Einkauf aller fertig aus dem Auslande kommenden Waren, beim Einkauf derjenigen, deren Rohstoff ganz oder zum Teil aus dem Auslande kommt und die deshalb in hohem Grade von den Preisen des Auslandes abhängig sind, endlich beim Einkauf aller inländischen Erzeugnisse, die einer nicht nach dem Werte angelegten Steuer unterliegen, haben die Arbeiter dieses Landes einen unzweifelhaften Vorteil vor den andern. Die bezeichneten Warenarten aber beanspruchen zusammen einen nicht unbeträchtlichen Teil der Ausgabe selbst eines ländlichen Arbeiters.

Man kann es daher als eine ungünstige Wirkung einer Erschliefsung unsrer Häfen bezeichnen, dafs, wenn der Antrieb, den die Billigkeit des Getreides der Volksvermehrung giebt, in den nächsten 20 oder 25 Jahren den Verdienst des Arbeiters auf die jetzige Getreidemenge, aber umgerechnet zu dem Preise, den Getreide im übrigen Europa hat, herabsetzte, die Lage unsrer unteren Volksklassen sich verschlechtern würde. Würde aber der Lohn nicht in dieser Weise herabgesetzt, so ist ganz deutlich, dafs der Antrieb zum Anbau von Getreide auch nach einer so langen Zeit noch nicht völlig wiederhergestellt wäre.

Viertens: Man kann die Bemerkung machen, dafs, wenn es auch durchaus nicht rätlich wäre, ein künstliches System staatlicher Gesetzgebung in Bezug auf den Getreidehandel einzuführen, doch, wenn ein solches System nun einmal vorhanden und dadurch sowie durch sonstige in derselben Richtung wirkende Ursachen der Preis des Getreides und vieler andern Waren über die im übrigen Europa dafür bestehende Höhe gesteigert ist, es als eine andere Frage erscheint, ob es sich empfiehlt, sich den Gefahren eines so grofsen und plötzlichen Sinkens der Getreidepreise auszusetzen, wie es durch die plötzliche Erschliefsung unsrer Häfen eintreten müfste. Einer der Fälle, in denen nach Smith „zu überlegen ist, bis zu welchem Grade die freie Einfuhr fremder Waren wieder zu gestatten sei, nachdem sie längere Zeit verhindert worden ist, liegt dann vor, wenn ein bestimmter Gewerbszweig durch hohe Zölle auf alle fremden Waren, die damit in Wettbewerb treten könnten, oder durch vollständige Ausschliefsung der letzteren eine solche Ausdehnung erlangt hat, dafs er eine grofse Menge Arbeiter beschäftigt" (Reichtum der Nationen, Buch 4, Kap. 2, S. 202).

Dafs bei der Getreideerzeugung die Geltung dieser Regel keine Ausnahme erleidet, ist schon bemerkt worden, und es kann ja auch kein Zweifel bestehen, dafs die Interessen so zahlreicher Grundeigentümer und Pächter, die der ersteren für immer, die der letzteren für einige Zeit, durch einen solchen Wechsel der Handelspolitik stark geschädigt würden. Auch würden diese Klassen mit einem guten Anscheine von Berechtigung betonen können, dafs, wenn man ihnen diesen Nachteil zufüge, man sie nicht billig und auf gleichem Fufse mit andern Ständen behandle.

Durch Schutzzölle, Steuerrückvergütungen und Belastung fast aller ausländischen Waren hält man das Kapital in den Industrien fest, deren Produkte durch die inländische Besteuerung verteuert werden. Dagegen erlitte bei einer Erschliefsung unsrer Häfen für die Getreideeinfuhr die Landwirtschaft einen Kapitalverlust durch die ausländische Konkurrenz, die nicht dieselbe Steuerlast zu tragen hat und deshalb die offenbarsten Vorteile im Kampfe mit unsern eigenen Produzenten besitzt. Man kann mit gutem Grunde sagen, dafs unter diesen Umständen die Herstellung eines freien Getreidehandels nicht die Herstellung eines natürlichen Gleichgewichtes der Dinge bedeutet, sondern eine Zurücksetzung der Landwirtschaft gegenüber andern Zweigen produktiver Thätigkeit. Allerdings auch bei dieser Sachlage kann es vom Standpunkte der ganzen Nation immer noch vorteilhaft sein, das Getreide da zu kaufen, wo es am billigsten zu haben ist; aber das mufs zugestanden werden, dafs die Besitzer von Grundeigentum nicht mit unparteiischer Gerechtigkeit behandelt wären.

Wenn nach allen Eigentümlichkeiten der Sachlage man es für unklug ansähe, unsrer Landwirtschaft Hemmungen zu bereiten, und für so wünschenswert, unabhängig vom Auslande den Getreidebedarf herzustellen, dafs dieser Zweck die Fortdauer des gesetzgeberischen Eingreifens rechtfertigt, so bleibt noch die folgende Frage zu erwägen:

Drittens, wie weit und durch welche Opfer sind Beschränkungen der Einfuhr fremden Getreides geeignet, das beabsichtigte Ziel zu erreichen?

Wenn wir blofs nach der Möglichkeit fragen, eine Produktion, die uns vom Auslande unabhängig macht, zu erlangen, so kann man ohne Zweifel das ausländische Getreide so wirksam fernhalten, dafs dadurch jenes Ziel vollständig erreicht wird. Ein Land, welches entschlossen ist, Getreide nur dann einzuführen, wenn der Preisstand den Beweis für einen Getreide m a n g e l liefert, wird ohne Frage in gewöhnlichen Jahren seinen Bedarf produzieren. Aber ein in dieser Absicht erlassenes Gesetz kann eine Gestalt haben, in der es sein Ziel statt durch Vermehrung der Getreideproduktion durch Verminderung der Volkszahl erreicht, und selbst wenn es mit noch soviel Vorsicht abgefafst wird, so ist nie ganz zu vermeiden, dafs es einem derartigen Einwande unterliegt.

Die Nachteile, welche die Beschränkung der Einfuhr ausländischen Getreides immer erzeugt, sind die folgenden:

1) Eine gewisse Verschwendung der Hülfsquellen des

Landes, weil man für die Erlangung der erforderlichen Getreidemenge eine gröfsere Kapitalmenge, als nötig ist, aufwendet.

2) Eine Schädigung aller Handelsbeziehungen mit dem Auslande, weil der im Verhältnis zum ausländischen hohe Preis des Getreides und der Arbeit und der niedere Wert des Silbers auf die Ausfuhrartikel wirken.

3) Eine Einschränkung der Volkszahl, weil jener grofse Getreidevorrat und jener Bedarf an industriellen Arbeitern, die durch eine vollständig freie Einfuhr sich ergeben würden, gehindert sind.

4) Die Notwendigkeit beständigen Veränderns und Eingreifens, wie sie fast bei jedem künstlichen System sich zeigt.

Allerdings waren wir in den letzten zwanzig Jahren Zeugen einer sehr starken Vermehrung unsrer Volkszahl und unsres Warenexports bei einem hohen Stande unsrer Getreide- und Arbeitspreise[1]. Aber diese Erscheinung kann nur trotz, nicht infolge jener hohen Preise eingetreten sein, und zwar ist sie hauptsächlich dem aufserordentlichen Erfolge unsrer arbeitssparenden Erfindungen zuzuschreiben sowie unsrer ausnahmsweisen Monopolstellung im europäischen Handel, die uns durch den Krieg zufiel. Sobald diese Erfindungen sich verbreiten, sobald Europa wieder einigermafsen seinen Gewerbfleifs und sein Kapital erlangt, wird es uns nicht mehr so leicht sein, die Konkurrenz zu ertragen. Je stärker die natürliche Lage des Landes uns auf den Ankauf fremden Getreides hinweist, desto höher mufs der Schutzzoll oder mit andern Worten der Preis des eingeführten Getreides sich stellen, damit wir ohne Abhängigkeit vom Auslande unsern Bedarf erlangen; um so gröfser wird also auch der Nachteil sein, den wir in unserm Handel mit dem Auslande erleiden. Dieser ungünstige Umstand kann sicherlich zuletzt so stark wirken, dafs er den Einflufs unsrer ungewöhnlichen Geschicklichkeit, Kapitalmenge und Maschinenkraft aufwiegt.

Der ganze Gegenstand ist also offenbar eine Frage widerstreitender Vorteile und Nachteile, und da es sich um Interessen von der höchsten Bedeutung handelt, so mufs bei seiner Entscheidung die reiflichste Überlegung stattfinden.

Wie aber auch die Entscheidung ausfällt, so legt sie gewisse Opfer auf. Diejenigen, die für die uneingeschränkte

Zulassung des fremden Getreides kämpfen, dürfen sich nicht vorstellen, daſs der dadurch herbeigeführte niedrige Preis bloſs vorteilhaft sei, daſs er etwa den Handel und die Volkszahl weiter verstärke, dabei aber den Zustand der Landwirtschaft und ihre fortschreitende Entwickelung ungestört lasse. Sie müssen vielmehr darauf vorbereitet sein, daſs die Erweiterung des Anbaues plötzlich aufhört, ja daſs ein gewisser Rückgang erfolgt, und sie müssen bereit sein, die bisher noch unbekannte Gefahr zu tragen, daſs ein starker Bruchteil unsrer Bevölkerung von der Zufuhr fremden Getreides abhängt und jenen Veränderungen und Verschiebungen der Handelswege ausgesetzt wird, denen Industrieländer mit Notwendigkeit unterliegen.

Diejenigen andrerseits, die für die Fortdauer und die Verstärkung der Einfuhrbeschränkungen eintreten, dürfen sich nicht vorstellen, daſs die gegenwärtige Lage der Landwirtschaft und die gegenwärtige Stärke ihres Übergewichtes aufrechtzuerhalten sind, ohne andere Zweige der nationalen Produktion zu schädigen. Diese werden zweifellos nicht bloſs geschädigt, sondern sie werden sicher mehr geschädigt, als die Landwirtschaft gefördert wird, und das Streben, unter jeder Bedingung den Getreidepreis hoch zu halten, kann uns zu einer Reihe von wirtschaftlichen Gesetzen zwingen, die bei den zu erwartenden neuen Verhältnissen in Europa nicht bloſs wie bisher den Fortschritt unsres auswärtigen Handels etwas verlangsamen, sondern allmählich seine Verminderung herbeiführen. Dann aber würde, auch wenn wir uns bemühten es zu verhindern, unsre Landwirtschaft ebenfalls in Mitleidenschaft gezogen.

Wenn bei einer unparteiischen Vergleichung der zu erlangenden Vorteile und der zu bringenden Opfer, die aus der gegenwärtigen Schutzzollpolitik sich ergeben, der Gesetzgeber sich für ihre Beibehaltung entscheidet, so ist in Bezug auf die Ausführung zu bemerken, daſs der gewählte Zeitpunkt nicht günstig ist, um solche Gesetze zu erlassen, die nicht einer späteren Abänderung bedürftig wären. Unser Geldwesen stellt allen Festsetzungen über die Preise, bei denen die Einfuhr beginnen soll, die bedenklichsten Schwierigkeiten entgegen.

Wenn wir die Barzahlungen aufnehmen und das Gold dann noch dasselbe Austauschverhältnis wie jetzt zum Getreide, zur Arbeit und zu den meisten Waren behält, so braucht man die bisherigen Getreidegesetze kaum zu ändern. In Gold ist der gegenwärtige Preis des Getreides erheblich unter 63 Schilling, bei welchem Preise nach dem Gesetze von 1804 die hohen Einfuhrzölle aufhören[u]).

Wenn wir unser gegenwärtiges Münzwesen mit seinem Kursunterschiede vom Metallgelde behalten, so müssen sehr grofse Änderungen im Gesetze geschehen, sonst bleibt dieses ein toter Buchstabe und vollkommen wirkungslos, um die Einfuhr ausländischen Getreides einzuschränken.

Wenn wir endlich zu unserm alten Geldwesen zurückkehrten, gleichzeitig aber der Tauschwert des Edelmetalls durch die Herstellung des allgemeinen Vertrauens und das Aufhören der aufsergewöhnlichen Nachfrage nach Gold sich verminderte, so wäre eine Veränderung von mittlerer Gröfse notwendig, eine stärkere als im ersten, eine geringere als im zweiten Falle.

Bei dieser aus unserm Geldwesen sich ergebenden naturgemäfsen Unsicherheit wäre es äufserst unzweckmäfsig, ein endgültiges Gesetz zu erlassen und dabei von einem Durchschnitte auszugehen, der durch die in der jetzigen Währung ausgedrückten Preise der letzten fünf Jahre wesentlich beeinflufst wäre.

Diesen Erwägungen kann noch hinzugefügt werden, dafs viele Gründe bestehen, die während der Ruhezeit, der wir jetzt entgegensehen können, ungewöhnlich reiche Getreideernten in Europa erwarten lassen. Solche reiche Ernten [1] ergaben sich auch nach Beendigung der Kriege Ludwigs XIV., und sie stehen jetzt noch sicherer in Aussicht, wenn auf die Zerstörung von Menschenleben und die Störung der produktiven Thätigkeit, die in den vergangenen Jahren stattgefunden haben, ein Friede von 15 oder 20 Jahren folgt.

Vielleicht ist mancher der Meinung, gerade die Aussicht auf solche ergiebige Produktion rechtfertige besonders grofse Anstrengungen, um fremdes Getreide fernzuhalten, und allerdings ist es, um unsre Landwirtschaft vor einer

---

[1] Die Billigkeit des Getreides während der ersten Hälfte des vorigen Jahrhunderts wird von Smith in sonderbarer und irrtümlicher Weise für eine Steigerung des Silberwertes gehalten[v]). Dafs sie aus einer besondern Ergiebigkeit der Produktion entstand, wird dadurch klar, weil alle andern Warenpreise nicht fielen, sondern stiegen.

zu plötzlichen Erschütterung zu bewahren, vielleicht notwendig, ihr einen gewissen Schutz zu geben. Allein wenn wir angesichts solcher den Getreidepreis beeinflussender Verhältnisse den Versuch machten, die Preise der letzten fünf Jahre aufrechtzuerhalten, so ist unmöglich anzunehmen, dafs nicht nach kurzer Zeit unser auswärtiger Handel zu leiden anfinge. Der Unterschied zwischen 90 Schillingen das Quarter oder selbst 75 Schillingen, wie sich in Gold der Preis von 1808 stellte, und 32 oder 40 Schillingen, wie der Preis des besten Weizens in Frankreich sich stellen soll, ist fast zu grofs, als dafs die Überlegenheit unsres Kapitals und unsrer Maschineneinrichtungen damit den Kampf aufnehmen kann [w]). Der Arbeitslohn in unserm Lande ist freilich nicht in demselben Verhältnisse wie der Getreidepreis gestiegen; aber er ist doch zweifellos durch ihn stark beeinflufst worden [1].

Wenn der ganze Unterschied zwischen den Produktionskosten des Getreides in unserm Lande und denjenigen in den europäischen Getreideländern auf den Steuerverhältnissen beruhte und der Betrag, um welchen die Steuern das Getreide teurer machen, sich feststellen liefse, dann würde das einfache und naheliegende Mittel, die Dinge in ihr natürliches Verhältnis zurückzuversetzen und uns in derselben Ausdehnung Getreide bauen zu lassen wie bei vollkommener Verkehrsfreiheit, darin bestehen, dafs wir denselben Betrag der Getreideeinfuhr als Steuer auferlegten und bei der Ausfuhr als Prämie vergüteten. Adam Smith bemerkt, dafs, wenn die Bedürfnisse des Staates ihn gezwungen haben, einem inländischen Erzeugnis eine Steuer aufzuerlegen, dann ein Zoll von gleichem Betrage, der dieselbe Güterart bei ihrer Einfuhr vom Auslande trifft, nur der produktiven Thätigkeit wieder dieselbe Ausdehnung giebt, die sie ohne die störende Wirkung der Steuer eingenommen hätte [2 y]).

---

[1] Es ergiebt sich aus den Zeugenaussagen vor dem Parlamentsausschufs, dafs der Lohn, so oft er nicht durch Armenunterstützungen sichtlich und mit Bewufstsein heruntergedrückt worden ist, annähernd in demselben Verhältnis wie der Getreidepreis sich erhöht hat (Zusatz der 3. Auflage) [x]).

[2] Es besteht allerdings immer ein sehr grofser Unterschied zwischen einer unmittelbaren Steuer und der durch Besteuerung indirekt

Aber es ist Thatsache, dafs nicht der ganze Preisunterschied einzig von der Besteuerung herrührt. Teilweise und, wie ich meine, nicht zu einem unbedeutenden Teile beruht er auf der Notwendigkeit, von Jahr zu Jahr mehr armen Boden anzubauen und zu verbessern, damit für die Bedürfnisse einer zunehmenden Bevölkerung gesorgt werde, und solcher Boden braucht natürlich mehr Arbeit und Herrichtung und überhaupt mehr Ausgaben aller Art zu seinem Anbau. Der Herstellungspreis des Getreides ist deshalb, ganz abgesehen von aller Besteuerung, wahrscheinlich höher als im übrigen Europa, und dieser Umstand verstärkt nicht blofs das Opfer, das zu bringen ist, um unabhängig vom Auslande den Bedarf herzustellen, sondern erhöht auch die Schwierigkeit, die Gesetzgebung so zu gestalten, dafs sie dieses Ziel sichert.

Als die ehemaligen sehr hohen Zölle auf die Einfuhr ausländischen Getreides festgesetzt wurden und zugleich die Gewährung einer Ausfuhrprämie erfolgte, war der Herstellungspreis des Getreides in unserm Lande nicht höher als im übrigen Europa, und der Antrieb, den diese Gesetzgebung in Verbindung mit andern günstigen Umständen der Landwirtschaft gab, bewirkte eine so überreiche Pro-

---

bewirkten Erhöhung der Produktionskosten. Bei einer unmittelbaren Steuer ist der Betrag, den man auf die entsprechende ausländische Ware legen mufs, nicht blofs bekannt, sondern auch unbedingt notwendig, um zu verhindern, dafs die Steuer unbezahlt bleibt. Wenn eine Besteuerung mittelbar die Produktionskosten steigert, läfst sich der Betrag nie genau feststellen, und die Steuer auf die ausländische Ware ist auch nicht nötig für den Eingang der Steuer. Weder die Neigung noch die Fähigkeit, Steuern für bestimmte Waren zu zahlen, wird dadurch vermindert, dafs man andere Waren auf einem billigeren Markte kauft. Ein britischer Bürger ist nicht besser imstande, die zahlreichen Steuern, denen er unterworfen ist, zu vermeiden, noch ist er weniger fähig, sie zu bezahlen, wenn er fremdes Getreide kauft. Aber es bleibt deshalb doch richtig, dafs der englische Anbau im Vergleich mit dem anderer Länder durch mittelbare Besteuerung beeinträchtigt werden kann. Die Steuern auf die andern Lebensbedürfnisse, aufser Getreide, erhöhen die Produktionskosten des letzteren und geben dem Ausländer einen Vorsprung in der Konkurrenz. Daraus folgt, wie oben angedeutet worden ist, dafs der Gutsbesitzer durch das Fehlen von Schutzzöllen auf ausländisches Getreide leiden und zwar einseitig leiden kann, ohne dafs ihre Einführung den Staatseinkünften oder dem Volksreichtum des ganzen Landes nützen würde.

duktion, dafs der Durchschnittspreis des Getreides nicht nach den Preisen, bei welchen die Einfuhr frei wurde, sich richtete. Fast das einzige Opfer, das damals gebracht wurde, bestand in der geringen Preissteigerung, die durch die erste Einführung der Exportprämie bewirkt wurde, aber, nachdem dadurch zu neuem Anbau Veranlassung gegeben worden, in einen Zeitraum gröfserer Billigkeit ausging.

Wenn wir es unternähmen, bei ganz veränderten Zuständen dieselbe Richtung zu verfolgen, indem wir den Preis, bei welchem die Einfuhr freigegeben wäre, und ebenso den Betrag der Ausfuhrprämie entsprechend dem gesunkenen Geldwerte erhöhten, so würden die Wirkungen der Mafsnahme wohl sehr verschieden von den früheren ausfallen. Seit 1740 hat Grofsbritannien seine Bevölkerung fast um $4\frac{1}{2}$ Millionen und mit Einschlufs von Irland wahrscheinlich um 8 Millionen vermehrt, d. h., wie ich glaube, in einem stärkeren Verhältnis als irgend ein anderes europäisches Land, und nach der Zusammensetzung unsrer Gesellschaft und der starken Zunahme des Mittelstandes hat sich der Bedarf an Erzeugnissen der Viehzucht wahrscheinlich noch in stärkerem Mafse vergröfsert. Unter diesen Umständen läfst sich kaum denken, dafs auch die gröfsten Anstrengungen uns in den Stand setzen könnten, wieder in dem verhältnismäfsigen Umfang wie um die Mitte des vorigen Jahrhunderts Getreide auszuführen. Eine Erhöhung der Ausfuhrprämie in dem Verhältnis, wie der Geldwert abgenommen hat, würde sicherlich nicht genügen; und vielleicht würde nur eine solche mafslose Prämie zum Ziele führen, die gänzlich den Fortschritt der Volkszahl und des Handels mit dem Auslande aufheben würde, um der Getreideproduktion vor ihnen den Vorzug zu lassen.

Wir müssen also unter den gegenwärtigen Verhältnissen den Gedanken aufgeben, dafs wir in gewöhnlichen Jahren einen erheblichen Überschufs über unsern Bedarf erzeugen können. Und doch haben hohe Einfuhrzölle für sich allein ganz besonders die Wirkung, starke Preisschwankungen hervorzurufen. Wir haben schon bemerkt, dafs, sobald die Zölle den Erfolg gehabt haben, durch dauernd hohe Preise eine Getreideversorgung ohne Zufuhr vom Auslande herzustellen, jede reichliche Ernte, deren Einflufs nicht durch Ausfuhr abgeschwächt werden kann, einen sehr plötzlichen

Preissturz herbeiführen mufs[1]. Setzt sich das ein zweites und drittes Jahr fort, so entsteht unzweifelhaft ein Rückgang des Anbaues, und das Land wird von neuem teilweise auf fremde Zufuhr angewiesen. Dann bewirkt die Notwendigkeit, fremdes Getreide einzuführen, ein neues Steigen des Preises auf den Betrag, bei welchem die Einfuhr frei ist, und dieselben Umstände können wiederholt einen solchen Rückgang und ein darauf folgendes Steigen des Preises erzeugen. In solcher Weise liegt es in der Natur des Preises, dafs er zwischen den hohen Beträgen, die durch die hohen Einfuhrzölle hervorgerufen werden, und den niedrigen Sätzen, die bei einer Überfüllung, der keine Ausfuhr abhilft, eintreten, hin und her schwankt.

Unter diesen Schwierigkeiten wird das Parlament vor die Aufgabe gestellt, ein Gesetz zu erlassen. Wegen der Überlegung, die der Gegenstand naturgemäfs erfordert, aber mehr noch wegen des unsichern Zustandes unsres Geldwesens wäre es wünschenswert, mit der endgültigen Entscheidung noch zu warten. Sollte man sich aber entschliefsen, sofort zu einer Veränderung des geltenden Gesetzes zu schreiten, um dieses wirksamer zu machen, so würde sowohl für den Augenblick als für die Dauer ein offenbarer Vorteil darin liegen, wenn man die Einfuhrbeschränkungen als einen festen Zoll formulierte, der nicht prohibitiv, sondern schützend und zugleich finanziell einträglich wirkte. Und zum Zwecke, dafs der starke Preissturz, den, wie oben ausgeführt, eine Überfüllung bewirken könnte, vermieden wird, ohne dafs andrerseits in gewöhnlichen Zeiten ein exportierbarer Überschufs entsteht, könnte man die alte Prämie festhalten und zwar wie den Zoll in unveränderlicher Höhe zu allen Zeiten, aufser wenn ganz ungewöhnliche Verhältnisse einträten.

Diese Bestimmungen wären äufserst einfach und berechenbar in ihren Wirkungen, gäben dem ausländischen Produzenten gröfsere Sicherheit, verschafften dem Staate eine einträgliche Steuer und würden auch durch die zu erwartende Verbesserung des Geldwesens weniger berührt als

---

[1] Der plötzliche Rückgang des Getreidepreises in diesem Jahre erscheint als ein schlagendes Beispiel. Es ist jedoch daran zu erinnern, dafs die Menge der Ernte immer einigermafsen für die Billigkeit schadlos hält ²).

hohe, auf einen vergangenen Durchschnitt gestützte Getreidepreise, von denen man die Gestattung der Einfuhr abhängig machte [1].

---

[1] Seit ich vorstehendes zum Druck sandte, habe ich von den neuen Resolutionen gehört, die vorgeschlagen werden sollen. Die Einrichtung erscheint etwas verwickelt, aber wenn sie bequem und gut arbeitet, so sind die Resolutionen denjenigen, die im vorigen Jahre empfohlen wurden, bedeutend vorzuziehen.
Daſs freie Getreideausfuhr verlangt wird, kann natürlich vernünftigerweise nicht angegriffen werden, wenn auch an der Wirksamkeit einer solchen Bestimmung beim gegenwärtigen Stand der Dinge gezweifelt werden kann. Was die Zölle betrifft, so ist das, wo solche eingeführt werden, immer eine Frage des Maſses. Das hauptsächliche Bedenken, welches ich gegen die zuerst besprochene und gegen die neuerdings vorgeschlagene Skala hege, liegt darin, daſs sie beim gegenwärtigen Zustand des Geldwesens anders wirkt als bei seiner Zurückführung auf seinen früheren Wert. Ist der Preis, den man als den gewöhnlichen herstellen will, in unserm gegenwärtigen Geld gemeint, so bleibt noch eine gewisse Konkurrenz des ausländischen Getreides bestehen, allerdings eher zu wenig als zu viel; versteht sich aber dieser Preis in wieder auf den alten Metallwert gehobenem Gelde, so wird die fremde Konkurrenz durchaus und vollständig ausgeschlossen, und jene Preisschwankungen sind fast unausweichlich, auf die ich oben aufmerksam gemacht habe aa).

Eine Untersuchung

des

Wesens und der Entwickelung

der

Bodenrente

und der

Gesetze, wovon sie bestimmt wird.

Von

Ehrw. **T. R. Malthus**,
Professor der Geschichte und Nationalökonomie an der Ostindischen Lehranstalt in Hertfordshire.

London
1815.

Vorbemerkung.

Die folgende Abhandlung enthält das Wesentliche einiger Aufzeichnungen über Bodenrente, die ich zugleich mit andern über verschiedene nationalökonomische Gegenstände während meiner Berufsthätigkeit an der ostindischen Lehranstalt gesammelt habe. Es war meine Absicht, sie früher oder später in eine zur Veröffentlichung geeignete Form zu bringen, und die innige Beziehung des Gegenstandes der vorliegenden Untersuchung mit den im Augenblicke gerade zur Erörterung stehenden Fragen hat mich bestimmt, sie jetzt rasch erscheinen zu lassen. Es ist die Pflicht derjenigen, die imstande sind, zu den allgemeinen Kenntnissen etwas beizutragen, diese Beisteuer nicht nur zu liefern, sondern sie auch zu der Zeit zu liefern, in der es am wahrscheinlichsten ist, dafs sie nützt. Wenn die Art der vorgetragenen Erörterungen sie dem Leser als wenig geeignet für eine Tagesbrochüre erscheinen läfst, so liegt meine Entschuldigung darin, dafs sie ursprünglich nicht bestimmt waren, eine so vergängliche Gestalt anzunehmen.

Bodenrente u. s. w.

Die Bodenrente ist ein Teil des Volkseinkommens, der immer als sehr wichtig angesehen worden ist.

Nach Adam Smith ist sie eine der drei ursprünglichen Quellen des Reichtums, woraus die drei grofsen Klassen der Gesellschaft ihren Unterhalt beziehen[a]).

Von den Ökonomisten ist diese Einkommensart so besonders ausgezeichnet, dafs sie lehren, sie habe allein Anspruch auf die Bezeichnung Reichtum und bilde das einzige Vermögen, das imstande sei die Staatssteuern zu tragen, und das in letzter Linie dadurch vermindert werde[b]).

Und die Bodenrente hat vielleicht augenblicklich einen besondern Anspruch auf unsre Aufmerksamkeit wegen der Erörterungen, die über die Getreidegesetze und über die Wirkung der Bodenrente auf den Preis der Bodenerzeugnisse wie auch auf den Fortschritt des landwirtschaftlichen Betriebs gegenwärtig stattfinden.

Die Bodenrente kann man erklären als jenen Teil vom Werte des ganzen Produkts, der dem Eigentümer des Bodens bleibt, nachdem alle für die Bodenbearbeitung erforderlichen Ausgaben, von welcher Art sie sein mögen, bezahlt worden sind; dabei gehören zu den Ausgaben auch die Zinsen des angewendeten Kapitals, die man nach der gebräuchlichen und gewöhnlichen Höhe des landwirtschaftlichen Kapitalgewinns der betreffenden Zeit zu schätzen hat.

Es kommt mitunter vor, dafs durch zufällige und vorübergehende Umstände der Pächter mehr oder weniger als soviel bezahlt; aber dies ist der Punkt, wonach die thatsächlich gezahlten Pachtzinsen fortwährend streben, und der deshalb stets gemeint ist, wenn man den Ausdruck Rente in einem allgemeinen Sinn gebraucht.

Die nächste Ursache der Rente ist offenbar der über die Kosten der Produktion hinausgehende Preis, wozu die Bodenerzeugnisse auf dem Markt verkauft werden. Daher haben wir als ersten Gegenstand der Betrachtung die Ursache oder die Ursachen des hohen Preises der Bodenerzeugnisse.

Nach sehr sorgfältigen und wiederholten Prüfungen des Gegenstandes kann ich weder mit der Ansicht des Adam Smith noch mit derjenigen der Ökonomisten vollkommen übereinstimmen und noch weniger mit den Meinungen einiger neuerer Schriftsteller. Beinahe alle diese Schriftsteller scheinen mir die Rente in ihrer Natur und in den Gesetzen, die sie beherrschen, zu nahe verwandt zu halten mit einem solchen über die Herstellungskosten hinausgehenden Preise, der für ein Monopol charakteristisch ist.

Obgleich Adam Smith in einigen Teilen des elften Kapitels seines ersten Buches die Rente ganz in ihrem wahren Lichte betrachtet[1] und überhaupt in seinem Werke mehr richtige Ansichten als irgend ein anderer Schriftsteller über diesen Gegenstand eingestreut hat, so hat er doch den wichtigsten Grund des hohen Preises der Bodenerzeugnisse nicht mit genügender Genauigkeit erklärt, obgleich er ihn oft streift; und da er gelegentlich den Ausdruck Monopol auf die Bodenrente anwendet, ohne sich dabei aufzuhalten, ihre tieferliegenden Eigentümlichkeiten anzugeben, so läfst er den Leser ohne einen bestimmten Eindruck über den wahren Unterschied zwischen der Ursache des hohen Preises der Lebensmittel und desjenigen monopolisierter Waren ᶜ).

Einige der Ansichten, welche die Ökonomisten von der Natur der Rente hatten, erscheinen mir gleichfalls ganz richtig, aber sie haben diese richtigen Meinungen mit so

---

[1] Ich kann jedoch nicht mit seiner Ansicht übereinstimmen, dafs alle Felder, die Nahrungsmittel liefern, notwendig auch Rente liefern müssen. Es kann möglich sein, dafs Boden, der in zusätzlicher Weise beim Fortschreiten des Landes in Anbau genommen wird, nur Gewinn und Arbeitslohn abwirft. Ein angemessener Gewinn auf das verwendete Kapital, das natürlich auch den gezahlten Arbeitslohn einschliefst, bildet immer eine genügende Veranlassung zum Anbau.

vielen Irrtümern vermischt und so viel verkehrte und widersprechende Schlüsse daraus gezogen, dafs das Wahre ihrer Lehrsätze in der Masse der darauf ruhenden Irrtümer verdunkelt worden und verloren gegangen ist und deshalb wenig Eindruck hervorgebracht hat. Ihr grofses praktisches Ergebnis, nämlich die Angemessenheit, ausschliefslich die Nettorenten der Grundeigentümer zu besteuern, beruht augenscheinlich auf ihrer Anschauung, diese Renten gestatteten eine ebenso willkürliche Verfügung wie jener Überschufs des Preises über die Produktionskosten, der ein gewöhnliches Monopol kennzeichnet

In seinem wertvollen Lehrbuch der politischen Ökonomie [1], worin er mit grofser Klarheit viele Punkte auseinandersetzte, die von Adam Smith nicht genügend entwickelt worden sind, hat Say die Frage der Rente nicht in vollkommen befriedigender Weise behandelt. Indem er von den verschiedenen wirksamen Kräften der Natur spricht, die, ebenso wie der Boden, die Thätigkeit des Menschen unterstützen, bemerkt er [2]: „Glücklicherweise hat niemand sagen können, der Wind und die Sonne gehören mir, und der Dienst, den sie leisten, mufs mir bezahlt werden." Und obgleich er anerkennt, dafs (aus einleuchtenden Gründen) Eigentum am Boden notwendig ist, so meint er doch offenbar, dafs die Bodenrente fast nur dieser Aneignung und der von aufsen kommenden Nachfrage entspringt.

In dem ausgezeichneten Werke von Sismondi „De la Richesse Commerciale" sagt er in einer Anmerkung über die Rente: „Dieser Teil der Grundrente ist der, den die Ökonomisten mit dem Namen 'Reinertrag' ausgezeichnet haben, weil er das einzige Ergebnis der Arbeit sei, das etwas zum Volksreichtum hinzufüge. Man könnte ihnen umgekehrt entgegenhalten, dafs dieser 'Reinertrag' der einzige Teil des Arbeitserzeugnisses ist, dessen Wert rein nominell ist und nichts Reales hat: er ist in Wahrheit die Wirkung der Preiserhöhung, die ein Verkäufer kraft seines Vorrechts erhält, ohne dafs die verkaufte Sache deshalb thatsächlich mehr wert wäre" (Bd. I, S. 49).

---

[1] Von diesem Werk ist kürzlich eine neue und sehr verbesserte Auflage veröffentlicht worden, die im höchsten Grade die Aufmerksamkeit aller derer, die sich für diese Gegenstände interessieren, verdient.
[2] II, 124.

Die herrschenden Meinungen bei den neueren englischen Schriftstellern scheinen mir sich zu einer ähnlichen Auffassung der Frage zu neigen; und um die Citate nicht zu häufen, will ich nur noch hinzufügen, dafs in einer sehr schätzbaren Ausgabe des „Reichtums der Nationen", die kürzlich von Herrn Buchanan aus Edinburgh veröffentlicht wurde, die Vorstellung eines Monopols noch weiter getrieben ist. Und während die vorhergenannten Schriftsteller, obgleich sie die Rente als von den Monopolgesetzen beherrscht betrachteten, noch der Meinung waren, dafs dies Monopol in Bezug auf Land nötig und nützlich wäre, so spricht Buchanan sogar manchmal von ihm so, als sei es schädlich und entziehe dem Konsumenten, was es dem Grundeigentümer giebt.

Indem er im letzten Bande produktive und unproduktive Arbeit behandelt, sagt er (IV, 134): „Der reine Überschufs, wonach die Ökonomisten die Nützlichkeit des Ackerbaues beurteilen, entsteht offenbar aus dem hohen Preis seines Erzeugnisses, der, so vorteilhaft er auch für den Grundeigentümer ist, der ihn empfängt, doch sicherlich kein Vorteil für den Konsumenten ist, der ihn bezahlt. Würde der Ertrag des Ackerbaues zu einem billigeren Preise verkauft, so könnte nicht derselbe reine Überschufs bleiben, nachdem die Ausgaben für die Bebauung bezahlt worden sind; aber der Ackerbau würde noch ebenso ergiebig für das allgemeine Vermögen sein, und der einzige Unterschied wäre, dafs, wie der Grundeigentümer früher durch den hohen Preis auf Kosten der Gesamtheit bereichert wurde, so jetzt die Gesamtheit durch den niedrigen Preis auf Kosten des Grundbesitzers Vorteil hätte. Wie der hohe Preis, woraus die Rente oder der reine Überschufs entspringt, den Grundeigentümer, der die landwirtschaftlichen Erzeugnisse zu verkaufen hat, bereichert, ebenso vermindert er in gleichem Verhältnis den Reichtum der Käufer; und deshalb ist es ganz unrichtig, des Grundbesitzers Rente als eine Vermehrung des Volksvermögens zu betrachten." In andern Teilen seines Werkes gebraucht er die gleiche oder sogar eine noch stärkere Sprache, und in einer Anmerkung über die Steuern spricht er von dem hohen Preis des Bodenproduktes als vorteilhaft für diejenigen, die ihn empfangen, aber in gleichem Verhältnisse als „schädigend" für jene, die ihn bezahlen. „Nach dieser Auffassung," fügt er hinzu,

„kann der reine Überschufs keinen Zusatz zu dem Gesamtvermögen bilden, da er nichts ist als ein Einkommen, das von einer Klasse auf die andere übertragen wurde, und durch den blofsen Umstand, dafs er so die Eigentümer wechselt, kann offenbar kein Vermögen entstehen, womit sich Steuern zahlen lassen. Das Einkommen, womit man landwirtschaftliche Erzeugnisse bezahlt, ist schon bei denjenigen vorhanden, welche diese Erzeugnisse kaufen; und wenn der Preis der Unterhaltsmittel niedriger wäre, so würde es weiter in ihren Händen bleiben und hier ebenso zur Steuerleistung verwendbar sein, wie wenn es durch einen höheren Preis auf den Bodenbesitzer übertragen wird" (Bd. III, S. 212).

Dafs bei der Rente einige Umstände vorhanden sind, die sie einem von Natur vorhandenen Monopol ähnlich machen, wird man gerne zugestehen. Die Ausdehnung der ganzen Erde ist beschränkt und kann nicht durch die Nachfrage der Menschen vergröfsert werden. Und die Ungleichheit der Böden verursacht sogar schon frühzeitig in der Entwicklung der Gesellschaft einen verhältnismäfsigen Mangel an Boden bester Qualität und bildet insofern unzweifelhaft eine der Ursachen der Rente im eigentlichen Sinne des Wortes. Deshalb wäre vielleicht die Bezeichnung „teilweises Monopol" mit Grund anwendbar. Aber der bezeichnete Mangel an Boden ist durchaus nicht für sich allein hinreichend, um die zu Tage tretenden Wirkungen hervorzubringen. Und eine genauere Untersuchung des Gegenstandes wird uns zeigen, wie wesentlich verschieden der hohe Preis der landwirtschaftlichen Produkte sowohl in seinem Wesen als in seinem Ursprung und in den Gesetzen, die ihn beherrschen, von dem hohen Preis eines gewöhnlichen Monopolgutes ist.

Man kann sagen, dafs es drei Gründe für den hohen Preis der Bodenerzeugnisse giebt.

Erstens und hauptsächlich Diejenige Eigenschaft des Bodens, wodurch er dahin gebracht werden kann, eine gröfsere Menge von Unterhaltsmitteln zu erzeugen, als für die Ernährung der mit seinem Anbau beschäftigten Personen erforderlich ist.

Zweitens: Jene die Unterhaltsmittel auszeichnende Eigenschaft, wodurch sie imstande sind, ihre eigene Nachfrage zu bewirken, d. h. im Verhältnis zu der Menge der erzeugten Lebensmittel eine Anzahl Begehrender hervorzurufen.

Und drittens: Der verhältnismäfsige Mangel an Boden höchster Fruchtbarkeit.

Jene Eigenschaften des Bodens und seiner Erzeugnisse, die hier als die ersten Ursachen für den hohen Preis der Rohstoffe angegeben sind, bilden eine Gabe, welche die Natur dem Menschen gewährt. Sie haben nichts mit einem Monopol zu thun und sind doch so unbedingt notwendig für das Vorhandensein der Bodenrente, dafs ohne sie auch die höchste Seltenheit oder das vollkommenste Monopol den Preis der Bodenerzeugnisse nicht so über die Produktionskosten steigern könnte, wie das jetzt in Gestalt einer Rente sich zeigt.

Wäre beispielsweise der Erdboden so beschaffen, dafs auch bei der verständigsten Anwendung des menschlichen Fleifses sich nicht mehr erzeugen liefse, als was gerade notwendig ist zum Unterhalt derjenigen, deren Arbeit und Aufmerksamkeit für die Erlangung des Erzeugnisses erfordert wird, so würden ja offenbar Nahrungsmittel und landwirtschaftliche Erzeugnisse überhaupt noch seltner sein als jetzt, und der Boden könnte ebenso gut der Monopolbesitz einzelner Eigentümer sein. Trotzdem ist klar, dafs dann weder eine Bodenrente noch in nennenswerter Weise ein überschüssiges Bodenerzeugnis, das einen hohen Kapitalgewinn bildete, vorhanden sein könnte.

Es ist ebenso klar, dafs, wenn die menschlichen Unterhaltsmittel, die das wichtigste Erzeugnis des Bodens bilden, nicht die Eigentümlichkeit hätten, in demselben Verhältnis, wie ihre Menge sich vermehrt, eine vermehrte Nachfrage hervorzurufen, das vermehrte Erzeugnis ein Sinken seines Tauschwertes zur Folge haben müfste. Wie reichlich auch das Erzeugnis eines Landes wäre, so könnte seine Volkszahl unverändert bleiben. Das reichliche Erzeugnis ohne entsprechende Nachfrage und verbunden mit einem sehr grofsen Getreideeinkommen des Arbeiters, das unter solchen Umständen notwendig sich ergeben würde, könnte den Preis der landwirtschaftlichen Erzeugnisse, wie es bei den Industrieerzeugnissen der Fall ist, auf die Produktionskosten herabdrücken.

Man hat zuweilen geltend gemacht, dafs ein Mifsverständnis des Gesetzes der Bevölkerung darin liegt, wenn man meint, die Zunahme der Nahrungsmittel oder der

Bodenerzeugnisse allein könne eine entsprechende Vermehrung der Volkszahl herbeiführen. Das ist ohne Zweifel wahr, aber man muſs zugeben, daſs, wie Adam Smith mit Recht bemerkt hat, „wenn für die Nahrung gesorgt ist, die Beschaffung der erforderlichen Kleidung und Wohnung verhältnismäſsig leicht fällt" ᵈ). Auch muſs man sich immer erinnern, daſs der Boden nicht bloſs eine einzige Güterart erzeugt, sondern neben dem unentbehrlichsten Gut, nämlich der Nahrung, erzeugt er auch die Rohstoffe für die andern Lebensbedürfnisse, und die Arbeit zur Bereitung der Erzeugnisse aus den Rohstoffen bleibt natürlich nie unbeachtet[1].

Es ist also wörtlich wahr, daſs der Boden die notwendigen Unterhaltsmittel hervorbringt, daſs er Nahrung, Rohstoffe und Arbeitskräfte hervorbringt, daſs er die Mittel hervorbringt, wodurch und wodurch allein eine Zunahme der Bevölkerung bewirkt und erhalten werden kann. Er ist darin vollkommen verschieden von jeder andern dem Menschen bekannten Maschine, und man muſs naturgemäſs annehmen, daſs diese Eigentümlichkeit auch besondere Wirkungen hat.

Wenn unsre Maschinen in der Baumwollindustrie sich wie bisher oder sogar noch viel stärker vermehrten, aber statt eines besondern Stoffes, der für einige Arten von Kleidern und Einrichtungsgegenständen benutzt werden kann, wie der Boden etwas hervorbrächten, was in Verbindung mit einiger Arbeit, Sparsamkeit und Geschicklichkeit Nahrung, Kleidung und Wohnung lieferte, die in dem Verhältnis, wie sie sich selbst vermehrten, eine Vermehrung der Volkszahl herbeiführten: dann würde die Nachfrage nach den Erzeugnissen so bevorzugter Maschinen dauernd über die Produktionskosten hinausgehen, und die betreffende

---

[1] Es ist jedoch sicher, daſs, wenn entweder diese Rohstoffe fehlen oder die Geschicklichkeit und das Kapital zu ihrer Verarbeitung infolge der Unsicherheit des Besitzes oder aus einer andern Ursache sich nicht entwickeln können, die Landwirte bald in ihren Anstrengungen erlahmen, und der Antrieb zur Kapitalbildung und zur Vermehrung der Bodenerzeugnisse sich bedeutend vermindert. Aber in diesem Falle wird die Nachfrage nach Arbeit sehr schwach sein, und so gering der Geldpreis der Nahrungsmittel sein mag, so wird der Arbeiter nicht so viel Unterhaltsmittel, wozu natürlich auch Kleidung, Wohnung u. s. w. gehört, zu seiner Verfügung haben, daſs dadurch eine Vermehrung der Volkszahl herbeigefüht wird.

Erscheinung wäre keine Eigentümlichkeit mehr jener Maschine, die der Boden darstellt[1].

Es besteht ein grundsätzlicher Unterschied zwischen der Nachfrage nach solchen Gegenständen, die für den menschlichen Unterhalt unbedingt erforderlich sind, und der Nachfrage nach andern Dingen. Bei allen andern Dingen ist die Nachfrage der Herstellung fremd und davon unabhängig, und im Falle eines Monopols, sei es nun ein natürliches oder ein künstliches, verhält sich die Preiserhöhung wie die Geringfügigkeit des Angebots im Vergleich mit der Nachfrage, während die Nachfrage vergleichsweise unbegrenzt ist. Bei Dingen von unbedingter Notwendigkeit hängt das Vorhandensein und die Zunahme der Nachfrage, mit andern Worten die Zahl der Nachfragenden, von dem Vorhandensein und der Zunahme jener notwendigen Gegenstände selbst ab. Ihr Preisüberschufs über die Produktionskosten hängt ab und erfährt dauernd seine Begrenzung von dem Betrag, um den ihre Menge größer ist, als was die zur Erzeugung notwendigen Arbeiter zu ihrem Unterhalt brauchen. Ohne diesen Überschufs der vorhandenen Menge hätte nach Naturgesetzen keine größere Nachfrage, als der Unterhalt der Arbeiter ausmacht, bestehen können.

In der neuen Ausgabe des „Reichtums der Nationen" wird als die Ursache eines hohen Preises der Bodenerzeugnisse der Umstand angegeben, dafs ein solcher Preis notwendig ist, damit sich der Verbrauch dem Vorrat anpasse (Bd. IV, S. 35)[e]. Das ist ebenfalls richtig, aber es löst unsre Frage nicht. Es bleibt festzustellen, warum das Verhältnis von Verbrauch und Vorrat sich in solcher Weise gestaltet, dafs dadurch der Preis so stark über die Produktionskosten hinausgeht. Davon liegt aber offenbar die Hauptursache in der Fruchtbarkeit zur Erzeugung menschlicher Nahrungsmittel, welche die Erde besitzt. Wenn diese Fülle, die Fruchtbarkeit des Bodens abnimmt, so nimmt der Überschufs ab; wenn die Fülle noch mehr abnimmt, so verschwindet der Überschufs. Die Ursache, warum die Lebensmittel einen höheren Preis haben als den

---

[1] Ich habe dabei vorausgesetzt, dafs die Beschaffung der Maschinen für die Erzeugung der Baumwollwaren irgend einem Hindernis begegnete. Wäre keinerlei Hindernis vorhanden, so würden ungewöhnlich hohe Kapitalgewinne und Arbeitslöhne statt eines Überschusses über die Produktionskosten als Wirkung sich ergeben.

Betrag der Produktionskosten, liegt in ihrer grofsen Menge, nicht in der Spärlichkeit des Vorrats. So ist ihr hoher Preis wesentlich verschieden nicht nur von demjenigen, der durch künstliche Monopole bewirkt wird, sondern auch von dem hohen Preis solcher besonderer Bodenprodukte, die nichts mit dem Unterhalt zu thun haben und als natürliche und notwendige Monopole bezeichnet werden können. Das Erzeugnis bestimmter französischer Weinberge, die wegen der besondern Beschaffenheit ihres Bodens und ihrer Lage allein Wein von einem bestimmten Geschmack liefern, wird natürlich zu einem Preise verkauft, der sehr weit über die Produktionskosten hinausgeht. Das beruht auf der grofsen Konkurrenz um solchen Wein verglichen mit dem geringen Vorrat. Dadurch wird seine Verwendung auf einen so kleinen Kreis von Personen beschränkt, dafs sie imstande und, um den Gegenstand nicht zu entbehren, bereit sind, einen aufserordentlich hohen Preis zu zahlen. Aber wenn die Fruchtbarkeit dieser Böden sich vergröfserte, so dafs das Erzeugnis sehr stark zunähme, so würde der Wert des Erzeugnisses fallen, und der Überschufs des Preises über die Produktionskosten sehr wesentlich abnehmen. Würden umgekehrt die Weinberge weniger ertragreich, so könnte der Unterschied zwischen Preis und Produktionskosten fast unbegrenzt wachsen.

Die offenbare Ursache dieser Erscheinungen ist, dafs bei allen wirklichen Monopolen, seien sie natürlich oder künstlich, die Nachfrage der Herstellung fremd und davon unabhängig ist. Die Zahl von Leuten, die seltene Weine schätzen und auf einen Wettbewerb um ihren Ankauf sich einlassen, kann unbegrenzt zunehmen, während gleichzeitig die Weinerzeugung abnimmt, und so hat der Preis keine andere Grenze als diejenige, die in der Zahl, dem Vermögen und den Launen der Kauflustigen liegt.

Bei den notwendigen Unterhaltsmitteln dagegen hängt die Nachfrage von der Menge des Erzeugnisses ab, und deshalb sind hier die Erscheinungen ganz anders. Hier macht das Naturgesetz es unmöglich, dafs die Zahl der Nachfragenden zunimmt, während die erzeugte Menge abnimmt; denn die Nachfragenden können nur mit Hülfe der erzeugten Menge am Leben sein. Die Fruchtbarkeit des Bodens und das daraus folgende reichliche Produkt, das von einer gegebenen Fläche gewonnen wird, vermindert im früheren Fall den Betrag, um den der Preis die Produktionskosten übersteigt, während in unserm Falle der hohe Preis darin seinen eigentlichen Grund hat. Eine Verminderung der Fruchtbarkeit könnte in jenem Falle ein fast unbegrenztes Steigen über die Produktionskosten herbeiführen; bei den notwendigen Lebensmitteln wäre sie sicher der einzige Umstand, der bewirken könnte, dafs ihr Preis niemals über die Produktionskosten hinausginge.

Kann man also sagen, der Preis der Lebensmittel bilde sich nach der Art eines gewöhnlichen Monopols? Kann man mit Sismondi die Bodenrente als das einzige Erzeugnis der Arbeit ansehen, das nur eine scheinbare Bedeutung hat und nur auf dem Preisaufschlag beruht, den der Verkäufer sich durch ein besonderes Vorrecht verschafft? oder mit Buchanan sagen, dafs keine Vermehrung des Volksreichtums darin liege, sondern nur eine Wertübertragung, die blofs den Grundeigentümern vorteilhaft ist und in gleichem Mafse für die Konsumenten „schädigend"?

Ist nicht vielmehr die Bodenrente das deutliche Kennzeichen einer ganz unschätzbaren Eigenschaft der Erde, womit Gott den Menschen beglückt hat, der Eigenschaft nämlich, dafs die Erde mehr Menschen ernähren kann, als zu ihrer Bearbeitung erforderlich sind? Ist sie nicht ein Teil und, wie wir weiter sehen werden, ein unentbehrlicher Teil jenes überschüssigen Erzeugnisses der Erde[1], das man mit Recht als die Quelle aller Macht und alles Genusses bezeichnet hat, ohne welches in der That weder Städte wären noch Land- und Seemacht, keine Künste und keine Gelehrsamkeit, keine feinere Industrie, keine aus der Fremde herbeigeschafften Annehmlichkeiten und Luxusgegenstände, und nicht jenes civilisierte und gebildete gesellige Leben, das nicht blofs einzelne erhebt und veredelt, sondern seinen

---

[1] Der ganze Überschufs, auf den damit hingewiesen wird, umfafst den Kapitalgewinn des Pächters ebenso wie die Pachtrente des Eigentümers; er bildet also die Gesamtheit der Mittel, woraus diejenigen, die nicht unmittelbar den Boden bearbeiten, ihren Unterhalt ziehen. Der Kapitalgewinn ist thatsächlich ein Überschufs, da er keineswegs, wie die Ökonomisten annehmen, nach den Bedürfnissen und dem notwendigen Unterhalt der Kapitalisten sich richtet. Aber Kapitalgewinn und Bodenrente entwickeln sich mit dem Fortschreiten der gesellschaftlichen Verhältnisse in ungleicher Weise, und sie sind deshalb im ganzen völlig auseinander zu halten.

Grundeigentümer regelmäfsig eine höhere Rente übrig als in jenen Ländern, wo, wie in Amerika, durch eine rasche Vermehrung des Kapitals, das aber immer noch vorteilhafte Verwendung finden kann, und durch eine grofse Nachfrage nach Arbeit, die eine entsprechende Zunahme des Jahreserzeugnisses und der Bevölkerung zur Folge hat, der Gewinnsatz nicht niedrig sein kann und die Arbeit lange Zeit sehr teuer bleibt.

Man kann es deshalb als eine unbestreitbare Wahrheit bezeichnen, dafs bei jedem Volke, das einen hohen Grad von Reichtum und eine hohe Dichtigkeit der Bevölkerung erreicht, wobei dann notwendig ein starker Rückgang sowohl des Kapitalgewinns als des Arbeitslohns erfolgen mufs, das Auftreten der Rente als einer Art Zubehör zu Böden bestimmter Beschaffenheit so naturgesetzlich und sicher erfolgt, wie die Schwerkraft sich geltend macht. Und die Rente ist weder ein blofs scheinbarer Wert, noch ein solcher, der ohne Grund und in schädigender Weise von einem Teile des Volkes auf einen andern übertragen wird, sondern ein thatsächlicher und wesentlicher Teil des Wertes, den das Volksvermögen hat: er ist durch Naturgesetze dahin verlegt, wo er sich findet, auf den Boden, wer diesen auch besitzen mag, ob der Grundeigentümer oder der Staat oder derjenige, der ihn wirklich bearbeitet.

So ist denn nachgewiesen, dafs die Rente von der gleichen Art ist wie der in der Landwirtschaft sich ergebende Überschufs, den man bestimmten Eigenschaften des Bodens und seiner Erzeugnisse verdankt; es hat sich weiter gezeigt, dafs sie sich vom Kapitalgewinn abtrennt, sobald jener Rückgang des Kapitalgewinns und Arbeitslohns eintritt, der bei dem fortschreitenden Wohlstand und der zunehmenden Bevölkerung eines Landes als Folge des verhältnismäfsigen Mangels an fruchtbarem Boden sich ergibt.

Nachdem wir das Wesen und den Ursprung der Rente geprüft haben, bleibt uns übrig, die Gesetze zu betrachten, von denen sie beherrscht und ihre Zu- und Abnahme bestimmt wird.

Sobald das Kapital sich vermehrt hat und die Arbeit auf den vorzüglichsten Böden eines Landes billiger geworden ist, so lassen sich andre Böden, die in Bezug auf Fruchtbarkeit oder Lage weniger günstige Eigenschaften zeigen, mit Vorteil in Besitz nehmen. Da die Kosten des Anbaues, wozu auch der Kapitalgewinn gehört, geringer geworden, kann unfruchtbarerer oder vom Markte entfernterer Boden, wenn er auch anfangs keine Rente abwirft, jene Kosten wenigstens vollkommen ersetzen und für den Landwirt hinreichend einträglich sein. Und sobald dann entweder der Gewinnsatz oder der Arbeitslohn oder beide noch weiter gefallen sind, so läfst sich noch ärmerer oder noch weniger günstig gelegener Boden in Anbau nehmen. Und bei jedem Schritt müssen offenbar, wenn der Getreidepreis nicht fällt, die Bodenrenten steigen. Der Preis des Getreides aber kann nicht fallen, so lange der Fleifs und die Geschicklichkeit der arbeitenden Klassen, unterstützt durch die Kapitalien derer, die sich nicht mit dem Ackerbau beschäftigen, den Pächtern und Grundeigentümern etwas im Tausche zu bieten vermag, wodurch diese veranlafst werden, ihre Bemühungen in der Landwirtschaft fortzusetzen und ihren steigenden Produktenüberschufs weiter zu erzeugen.

Wenn man die Gesetze, die das Steigen und Fallen der Rente beherrschen, genauer darlegen will, so mufs man die hauptsächlichen Ursachen, welche die Kosten des Anbaues vermindern, mit andern Worten die Kosten der Produktionsfaktoren im Vergleich mit dem Preise des Produkts, mehr im einzelnen aufzählen. Die hauptsächlichen dieser Ursachen scheinen mir vier zu sein: erstens eine solche Vermehrung des Kapitals, dafs sie eine Verminderung des Kapitalgewinns bewirkt, zweitens eine solche Vermehrung der Volkszahl, dafs dadurch eine Erniedrigung des Arbeitslohns eintritt, drittens solche Fortschritte im Betrieb oder eine solche Steigerung des Fleifses der Arbeiter, dafs eine geringere Anzahl eine gegebene Leistung hervorbringt, und viertens eine solche Steigerung des Preises der Bodenerzeugnisse infolge vermehrter Nachfrage, dafs ohne eine Verminderung der in Geld ausgedrückten Kosten des Anbaues doch der Unterschied zwischen diesen Kosten und dem Preise des Erzeugnisses wächst.

In welcher Weise die drei ersten dieser Ursachen die Kosten des Anbaues im Vergleich mit dem Preise des Erzeugnisses vermindern, ist ganz klar; die vierte erfordert einige weitere Bemerkungen.

Wenn eine grofse und fortgesetzte Nachfrage nach den Bodenerzeugnissen eines bestimmten Landes bei den fremden Nationen ringsum entsteht, so steigt natürlich der Preis erheblich. Da nun die Kosten des Anbaues nur langsam und allmählich so stark steigen würden, so könnte der Getreidepreis lange Zeit so sehr darüber hinausgehen, dafs ein aufserordentlicher Antrieb zu intensiverem Anbau entstünde und die Verwendung grofser Kapitalien, um unbebautes Land urbar und das bebaute Land ergiebiger zu machen, herbeigeführt würde.

Ähnlich würde die Wirkung sein, wenn in einem Lande, das den Unterhalt seiner Bevölkerung dauernd erzeugt, statt einer Nachfrage nach seinen landwirtschaftlichen Produkten eine wachsende Nachfrage nach Industrieerzeugnissen entstünde. Wenn infolge einer solchen Nachfrage die Menge dieser Industriewaren, die ins Ausland gehen, einen viel gröfseren Wert erreichte, so würde dafür auch ein viel gröfserer Wert ins Land zurückströmen, und es könnte dann nicht fehlen, dafs der Wert der Bodenerzeugnisse zunähme. Die Nachfrage sowohl nach landwirtschaftlichen als nach industriellen Erzeugnissen würde wachsen und ein starker Antrieb zu jeder Art Verbesserung in der Landwirtschaft eintreten, wenn auch vielleicht nicht in dem gleichen Umfang wie im vorigen Falle.

Eine ähnliche Wirkung ergiebt sich, wenn neue Maschinen oder eine zweckmäfsigere Arbeitsteilung in der Industrie aufkommen. Dann ist fast immer zu beobachten, dafs nicht nur die Menge der Industriewaren sich stark vermehrt, sondern dafs auch ihr Gesamtwert steigt, weil infolge ihrer Billigkeit die Nachfrage stark zunimmt. Wir sehen deshalb, dafs in allen reichen Handels- und Industrieländern der Wert der industriellen und Handelswaren einen starken Bruchteil desjenigen der Rohprodukte ausmacht[1], während in den ärmeren Ländern, die nach aufsen wie im inneren wenig Handel haben, der Wert ihrer Rohprodukte annähernd ihren ganzen Reichtum bildet. Wenn wir annehmen, beim Steigen der Getreidepreise steige der

---

[1] Nach den Berechnungen von Colquhoun ist der Wert unsres inneren und äufseren Handels und unsrer Industrieerzeugnisse nach Abzug des Rohstoffs fast gleich dem Rohertrag des Bodens, das ist wahrscheinlich in keinem andern grofsen Land der Welt der Fall (Treatise on the Wealth, Power, and Resources of the British Empire p. 96). Das ganze Jahreserzeugnis wird etwa auf 430 Millionen geschätzt und das Erzeugnis in der Landwirtschaft auf ungefähr 216 Millionen.

Arbeitslohn in dem Mafse, dafs der Arbeiter dieselbe Verfügung über Unterhaltsmittel behält, die er vorher hatte, so kann er doch, wenn er mit dem Erlöse aus einer bestimmten Menge Getreide eine gröfsere Menge notwendiger und angenehmer Waren des In- und Auslandes zu kaufen imstande ist, gleich gut genährt, gekleidet und untergebracht sein, und die Volkszahl kann in dem bisherigen Grade zunehmen, wenn auch der Lohn nicht so stark wächst, wie der Getreidepreis zugenommen hat.

Wenn aber sogar der Preis der Arbeit in demselben Verhältnis wie der Preis des Getreides thatsächlich steigt, was ein sehr seltener Fall ist und nur geschehen kann, wenn die Nachfrage nach Arbeit der Nachfrage nach den Bodenerzeugnissen vorhergeht oder wenigstens ganz gleichzeitig damit stattfindet: dann ist es so unmöglich, dafs alle andern Auslagen, worauf das Kapital verwendet wird, genau in demselben Verhältnis und zur selben Zeit steigen, wie z. B. Abfindungen für Zehnten, Gemeindelasten, Steuern, Düngemittel und das unter den früheren niedrigen Preisen hergestellte fixe Kapital, dafs fast notwendig eine länger dauernde Zeit eintreten mufs, während deren der Unterschied zwischen dem Preise der Bodenerzeugnisse und den Herstellungskosten sich vergröfsert.

In einigen dieser Fälle ist, wie sich aus dem Gesagten ergiebt, die Erscheinung, dafs der Getreidepreis über die Kosten der Herstellung steigt, nur vorübergehend. Dann erfährt häufig die Thätigkeit des Landwirts einen starken Antrieb, indem der Preisüberschufs den Kapitalgewinn steigert, ohne wesentlich in der Gestalt der Rente aufzutreten. Allein es bleibt selten aus, dafs doch zuletzt die Rente dadurch erhöht wird. Das vermehrte Kapital, das wegen der Möglichkeit, zeitweise grofse Gewinne zu erzielen, verwendet wird, kann beim Ablauf der bestehenden Pachtverträge selten oder nie vom Boden ganz zurückgezogen werden, und der Grundeigentümer geniefst bei der Erneuerung der Verträge den Vorteil davon durch eine Steigerung seiner Rente.

So oft also durch die Wirkung der obenerwähnten vier Ursachen der Unterschied zwischen dem Preise des Erzeugnisses und den Kosten der Produktionsmittel zunimmt so steigt die Bodenrente.

Es ist jedoch nicht notwendig, dafs alle diese vier

Ursachen sich in ihrer Wirkung vereinigen; es ist nur notwendig, dafs der erwähnte Unterschied zunimmt. Wenn z. B. der Preis des Erzeugnisses stiege, während der Arbeitslohn und die andern Kapitalarten ihren Preis nicht im gleichen Mafse erhöhten, und wenn gleichzeitig verbesserte Betriebsweisen in der Landwirtschaft allgemein üblich würden, so könnte offenbar sich jener Unterschied vergröfsern, obgleich der Gewinn des landwirtschaftlichen Kapitals nicht nur unvermindert bliebe, sondern geradezu in die Höhe ginge.

Man nimmt an, dafs von der grofsen Menge neuen Kapitals, die in unserm Lande während der letzten zwanzig Jahre dem Boden zugeführt worden ist, bei weitem der gröfsere Teil vom Boden gewonnen und nicht aus dem Handel oder der Industrie dahin übertragen war. Ohne Zweifel wurde eine so schnelle und vorteilhafte Vermögensbildung durch die hohen Gewinne vom landwirtschaftlichen Kapital bewirkt, die ihrerseits dadurch entstanden, dafs die Betriebsweise Fortschritte machte und die Preise stetig stiegen, während in den sonstigen Kapitalanlagen die entsprechende Erhöhung des Gewinnsatzes nur langsam nachkam.

In diesem Falle ist der Anbau ausgedehnt worden und sind die Renten gestiegen, wiewohl einer der Produktionsfaktoren, das Kapital, teurer gewesen ist.

So könnte auch eine Abnahme des Gewinns und ein Fortschritt in der Landwirtschaft oder auch einer dieser Umstände für sich allein die Rente steigern, wenn auch die Löhne in die Höhe gingen.

Man kann es also als eine allgemeine Wahrheit feststellen, dafs die Rente steigt, wenn der Unterschied zwischen dem Preise der Erzeugnisse und den Kosten der Produktionsmittel zunimmt.

Es ist weiter klar, dafs kein frischer Boden in Anbau genommen werden kann, wenn nicht zuvor die Renten auf dem bereits in Kultur befindlichen Boden gestiegen sind oder eine Steigerung gestatten.

Boden von geringerer Qualität erfordert eine grofse Kapitalmenge, um ein gegebenes Erzeugnis zu liefern, und wenn der gegenwärtige Preis dieses Erzeugnisses nicht hinreicht, die Produktionskosten einschliefslich des Kapitalgewinns nach dem jetzigen Satze dieses Gewinns vollständig zu decken, so mufs der Anbau auf solchem Boden unterbleiben. Es macht keinen Unterschied, ob die Deckung durch eine Zunahme im Geldpreise des Erzeugnisses ohne entsprechende Zunahme im Geldpreise der Produktionsmittel geschieht oder durch eine Abnahme im Preise der Produktionsmittel ohne eine entsprechende Abnahme im Preise des Erzeugnisses. Notwendig ist unbedingt nur eine gröfsere relative Billigkeit der Produktionsmittel, um die gröfsere Menge, die man davon zur Erlangung eines bestimmten Erzeugnisses auf dem unfruchtbaren Boden braucht, dadurch auszugleichen.

So oft aber infolge einer oder der andern der vorerwähnten Ursachen die Produktionsmittel billiger werden und der Unterschied zwischen dem Produktenpreise und den Kosten der Produktion sich vergröfsert, so steigt notwendig die Rente. Es ergiebt sich also als unmittelbare und unbedingte Folgerung, dafs es nie lohnen kann, frischen Boden von ärmerer Beschaffenheit in Anbau zu nehmen, bis die Renten auf dem bereits in Kultur befindlichen Boden gestiegen sind oder eine Steigerung gestatten würden.

Ebenso richtig ist es, dafs ohne die nämliche Bewegung der Renten nach aufwärts, die aus den gleichen Ursachen folgt, es nicht lohnend sein kann, frisches Kapital zur intensiveren Bewirtschaftung des alten Bodens zu verwenden, — wenigstens unter der Voraussetzung, dafs jede Wirtschaft mit soviel Kapital versehen ist, als bei dem augenblicklichen Satze des Kapitalgewinns mit Vorteil angewendet werden kann.

Man braucht diesen Satz nur auszusprechen, um von seiner Wahrheit zu überzeugen. Es kann allerdings geschehen, und ich fürchte, es geschieht häufig, dafs Landwirte nicht im Besitz der ganzen Kapitalmenge sind, die nach dem Stand des Kapitalgewinns in der Landwirtschaft mit Vorteil auf ihren Böden angewendet werden könnte, aber unter der Voraussetzung, dafs sie damit versehen sind, so liegt darin eingeschlossen, dafs man nicht ohne Verlust noch mehr Kapital verwenden kann, bis durch eine oder die andre der obenerwähnten Ursachen die Rente auf dem Wege ist, zu steigen.

Es ist also deutlich, dafs die Möglichkeit, den Anbau auszudehnen und das Erzeugnis zu vermehren, sei es nun durch Bebauung neuen Bodens oder durch Verbesserung des alten, ausschliefslich auf dem Vorhandensein solcher Preise verbunden mit solchen Produktionskosten beruht, wodurch beim Festhalten der bisherigen Art des Anbaues die Rente steigen würde. Aber wenn auch nur bei einer solchen Lage der Dinge, die ein Steigen der Renten ermöglicht, der Anbau ausgedehnt und das Erzeugnis des Landes vermehrt werden kann, so ist doch die Bemerkung von Wichtigkeit, dafs diese Erhöhung der Rente nicht in demselben Verhältnis erfolgt wie die Ausdehnung des Anbaues oder die Vermehrung des Erzeugnisses. Jeder Rückgang im Preise der Produktionsmittel kann die Anwendung einer bedeutenden Menge zusätzlichen Kapitals gestatten. Und wenn dann entweder neuer Boden in Anbau genommen oder der alte verbessert wird, so kann die Zunahme des Erzeugnisses bedeutend sein, wenn auch die Erhöhung der Renten nur geringfügig ist. Wir sehen deshalb, dafs in einem Lande, wo sich ein immer besserer Anbau entwickelt, die Menge des auf den Boden verwendeten Kapitals und die Menge des gewonnenen Erzeugnisses in immer stärkerem Mafse den Betrag der Renten übersteigt, aufser wenn ungewöhnliche Fortschritte in der Art des Anbaues die Verhältnisse ändern [1].

Nach den Berichten, die kürzlich dem Ackerbaudepartement zugegangen sind, scheint das durchschnittliche Verhältnis, in dem die Rente zu dem Wert der ganzen Ernte steht, nicht über ein Fünftel zu betragen [2], während früher, als weniger Kapital aufgewendet und ein geringerer Wert hergestellt wurde, diese Quote sich auf $1/4$, $1/3$ oder selbst $2/5$ belief. Trotzdem wächst der zahlenmäfsige Unter-

---

[1] Zur Ehre der schottischen Landwirte verdient es bemerkt zu werden, dafs sie ihre Kapitalien so sehr geschickt und zweckmäfsig angewendet haben, dafs gleichzeitig mit der von ihnen bewirkten, wunderbaren Vermehrung des Erzeugnisses der Anteil des Grundbesitzers daran stärker geworden ist. Der Unterschied zwischen der Quote, die der schottische, und derjenigen, die der englische Grundeigentümer vom Erzeugnis erhält, ist ganz aufserordentlich, viel gröfser, als sich aus der Bodenbeschaffenheit oder dem Fehlen der Zehnten und Armenlasten erklären läfst. Vgl. Sir John Sinclair's wertvolle Darstellung der schottischen Landwirtschaft und den kürzlich erschienenen „Gesamtbericht" — Werke voll der nützlichsten und anziehendsten Belehrung über landwirtschaftliche Fragen f).

[2] S. die Zeugenaussage Arthur Young's vor den Lords, S. 66 g).

schied zwischen dem Preise des Erzeugnisses und den Anbaukosten mit der wachsenden Intensität, und wenn auch dem Grundeigentümer eine kleinere Quote der ganzen Ernte zufällt, so bildet doch diese kleinere Quote infolge der so grofsen Zunahme der Ernte eine gröfsere Menge und verschafft ihm eine gröfsere Verfügung über Getreide und Arbeit. Stellt man die Ernte mit der Zahl 6 dar, und der Grundeigentümer hat $1/4$ davon, so wird sein Anteil durch $1^{1}/_{2}$ dargestellt. Ist die Ernte aber 10, und der Grundeigentümer erhält nur $1/5$, so ist sein Anteil 2. Im letzteren Fall also wird zwar die Quote, die der Anteil des Grundeigentümers von der ganzen Ernte ausmacht, wesentlich vermindert; aber sein thatsächlicher Rentenbezug, noch ganz abgesehen vom Geldpreise, vermehrt sich im Verhältnis $3:4$. Allgemein gesprochen: in allen Fällen der Zunahme der Ernte steigt die Getreiderente des Bodens, aufser wenn der Anteil des Grundeigentümers in demselben Verhältnis abnimmt, wie die Ernte sich vergröfsert, und das geschieht wohl oft während der Dauer von Pachtverträgen, aber selten oder nie bei ihrer Erneuerung.

Wir sehen also, dafs eine allmähliche Zunahme der Renten als notwendig verbunden erscheint mit der allmählichen Bebauung neuen Bodens und der allmählich besseren Bebauung des alten, dafs überdies diese Zunahme die natürliche und notwendige Folge des Eintretens von vier Umständen ist, welche die sichersten Kennzeichen des zunehmenden Gedeihens und Reichtums bilden. Diese vier Umstände sind die Vermehrung des Kapitals, die Zunahme der Bevölkerung, der Fortschritt im landwirtschaftlichen Betrieb und der hohe Preis der landwirtschaftlichen Erzeugnisse, der durch die Ausdehnung unsrer Industrie und unsres Handels bewirkt wird.

Auf der andern Seite, ist klar, dafs ein Rückgang der Renten ebenso notwendig mit dem Aufhören des Anbaues auf den geringeren Böden und dem immer schlechteren Anbau des Bodens von besserer Beschaffenheit verbunden und dafs er aufserdem die natürliche und notwendige Wirkung von Ursachen ist, welche die sicheren Kennzeichen der Armut und des Niedergangs bilden, nämlich der Kapitalabnahme, der Volksverminderung, einer schlechten Betriebsweise und eines niedern Preises der landwirtschaftlichen Erzeugnisse.

Wenn es richtig ist, dafs der Anbau nur bei einem
solchen Stand der Preise verbunden mit solchen Produktionskosten ausgedehnt werden kann, wobei ein Steigen der
Rente möglich ist, so folgt naturgemäfs, dafs bei einem
solchen Verhältnis zwischen beiden Preisen, das einen
Rückgang der Renten veranlafst, der Anbau abnehmen
mufs. Wenn die Produktionsmittel im Vergleich mit dem
Preise des Erzeugnisses teurer werden, so ist das ein
sicheres Zeichen, dafs sie sich in verhältnismäfsig geringerer
Menge finden; wo man also eine grofse Menge Produktionsmittel braucht, wie bei armem Boden der Fall ist, da fehlt
dann die Möglichkeit, sie zu erlangen, und der betreffende
Boden bleibt unbenutzt.

Es hat sich früher ergeben, dafs bei der Erweiterung
des Anbaues und der Zunahme der Renten nicht notwendig
alle Produktionsmittel gleichzeitig im Preise sinken müssen,
dafs vielmehr der Unterschied zwischen dem Preise des Erzeugnisses und den Kosten des Anbaues zunehmen kann,
selbst wenn entweder der Kapitalgewinn oder der Arbeitslohn nicht abnehmen, sondern noch steigen.

So sind denn auch, wenn das Erzeugnis eines Landes
sich vermindert und die Renten sich verringern, nicht immer
alle Produktionsmittel teurer. In einem im Rückgang oder
im Stillstand befindlichen Lande ist ein sehr wichtiger Pro-
duktionsfaktor, nämlich die Arbeit, immer billig; aber diese
Billigkeit der Arbeit kann die Nachteile nicht aufwiegen,
die sich fühlbar machen. Und zwar bestehen diese in der
Teuerung des Kapitals, in der schlechten Betriebsweise und
vor allem in dem niedrigen Getreidepreise, der stärker sinkt
als der Wert der Produktionsmittel, die neben der Arbeit
für den Anbau nötig sind.

Es hat sich auch ergeben, dafs mit dem fortschreitenden
Anbau und mit der Zunahme der Renten die letzteren, obgleich sie dem absoluten Betrag nach stärker werden, in
einem immer schwächeren Verhältnis zu der Menge des in
der Landwirtschaft angewendeten Kapitals und des gewonnenen Erzeugnisses stehen. Diesem Gesetz entsprechend
nimmt das Verhältnis der Rente zum Kapital und zum Erzeugnis zu, wenn das Erzeugnis abnimmt und die Rente
sich ihrem Betrag nach vermindert. Wie im ersteren Falle
die Abnahme der Verhältniszahl sich aus der Notwendigkeit
ergab, von Jahr zu Jahr neuen Boden von schlechterer Be-

schaffenheit in Anbau zu nehmen und den alten intensiver zu bewirtschaften, so dafs er dann nur den gewöhnlichen Kapitalzins, aber wenig oder keine Rente abwirft: in derselben Weise ergiebt sich im letzteren Falle die starke Verhältniszahl der Rente aus der Unmöglichkeit, da ein Erzeugnis zu gewinnen, wo grofse Vorlagen nötig sind, und aus dem Zwange, das verminderte Kapital des Landes ausschliefslich auf die Bebauung der reichsten Böden zu verwenden.

In dem Mafse daher, wie der verhältnismäfsige Stand der Preise einen allmählichen Rückgang der Renten herbeiführt, kommen mehr und mehr Böden aufser Anbau, werden die übrigen schlechter bearbeitet und erfolgt die Verminderung des Bodenertrags noch rascher als die Verminderung der Renten.

Wenn die hier aufgestellte Lehre über die Gesetze der Zu- und Abnahme der Renten annähernd richtig ist, so mufs sich die Lehre, wonach die Landwirtschaft dem Volksvermögen unverminderten Zuwachs brächte, auch wenn ihr Erzeugnis zu einem Preise verkauft würde, der weniger reinen Überschufs läfst, von der Wahrheit sehr weit entfernen.

Was meine eigene Überzeugung betrifft, so zweifle ich in der That durchaus nicht, dafs, wenn man die Meinung hegte, der hohe Preis der Bodenerzeugnisse, worauf die Rente beruht, sei in demselben Mafse für den Konsumenten nachteilig, wie er für den Grundeigentümer vorteilhaft ist, und wenn demgemäfs eine reiche und hochentwickelte Nation sich entschlösse, den Preis der Bodenprodukte durch Gesetz so weit herabzudrücken, dafs kein Überschufs als Rente irgendwo mehr sich ergäbe, sie unvermeidlich nicht blofs allen unfruchtbaren Boden, sondern allen Boden mit blofser Ausnahme des fruchtbarsten aufser Bebauung setzen und Bodenertrag und Volkszahl wahrscheinlich auf weniger als ein Zehntel ihrer vorherigen Höhe herabmindern würde.

Aus der vorstehenden Darlegung der Art, wie die Rente sich entwickelt, ergiebt sich die Folge, dafs die jeweilige Höhe der natürlichen Bodenrente für das jeweilige Bodenerzeugnis notwendig ist, und dafs der Preis des Erzeugnisses in jeder fortschreitenden Gesellschaft den Produktionskosten auf dem ärmsten, jeweils in Benutzung stehenden Boden annähernd gleich sein mufs oder aber den

Kosten, die nötig sind, um auf altem Boden solches zusätzliche Erzeugnis hervorzubringen, das nur den gewöhnlichen Ertrag eines in der Landwirtschaft angewendeten Kapitals mit wenig oder gar keiner Rente abwirft. Es ist ganz offenbar, dafs der Preis nicht niedriger sein kann, oder aber solcher Boden würde nicht angebaut, beziehungsweise solches Kapital würde nicht angewendet. Der Preis kann aber auch niemals wesentlich höher sein, weil der arme Boden, der jeweils in frischen Anbau genommen wird, anfangs wenig oder gar keine Rente abwirft und weil es für einen Pächter, der Kapital zur Verfügung hat, immer lohnend ist, es auf seinem Felde anzuwenden, wenn die Vermehrung des Erzeugnisses, die dadurch erfolgt, ihm den vollen, seinem Kapital entsprechenden Gewinn liefert, wenn auch dem Grundeigentümer nichts zufällt.

Es folgt daher, dafs der Preis der Bodenerzeugnisse, wenn wir die ganze produzierte Menge in das Auge fassen, sich auf den natürlichen oder notwendigen Preis stellt, das heifst auf den Preis, der notwendig ist, damit man die gegenwärtige Menge des Erzeugnisses bekommt, wiewohl bei weitem der gröfste Teil des Erzeugnisses zu einem Preise verkauft wird, der die Kosten seiner Erzeugung erheblich übersteigt, weil nämlich der betreffende Teil mit geringeren Kosten hergestellt ist, aber darum keinen geringeren Tauschwert hat.

Der Unterschied zwischen dem Preise des Getreides und dem Preise von Industrieprodukten, wenn wir die Beziehung zum natürlichen oder notwendigen Preise ins Auge fassen, ist der folgende. Wenn der Preis eines Industrieproduktes wesentlich heruntergedrückt wird, so hört der ganze Industriezweig auf, während, wenn der Preis des Getreides wesentlich herabgedrückt wird, nur seine Menge sich vermindert. Es gäbe dann im Lande immer noch einen Teil des Maschinensystems, der imstande wäre, auch zu dem verminderten Preise die Ware zum Markt zu liefern.

Man hat den Boden zuweilen mit einer grofsen Maschine verglichen, welche die Natur den Menschen zur Erzeugung von Nahrungsmitteln und Rohstoffen geschenkt habe; aber um die Übereinstimmung, soweit eine Vergleichung überhaupt möglich ist, zutreffender zu machen, müfste man den Boden auffassen als ein grofse Anzahl von Maschinen, die den Menschen geschenkt wurden, und alle weiterer Vervollkommnung mittels der Kapitalverwendung zugänglich sind, aber ursprünglich sehr ungleiche Eigenschaften und Kräfte besitzen.

Diese grofse Ungleichheit in den Kräften der Maschinen, die zur Erzeugung der Bodenprodukte dienen, bildet eines der wichtigsten Unterscheidungsmerkmale zwischen den in der Landwirtschaft und den in der Industrie verwendeten Maschinen.

Wenn eine Maschine in der Industrie erfunden wird, die reichlicheres Erzeugnis mit weniger Arbeit und Kapital als vorher liefert, und wenn kein Patent besteht oder sobald das Patent abgelaufen ist, so kann eine hinlängliche Zahl solcher Maschinen hergestellt werden, um die ganze Nachfrage zu befriedigen und den Gebrauch aller alten Maschinen gänzlich zu beseitigen. Die natürliche Folge davon ist, dafs der Preis auf die Kosten der mit der besten Maschine erfolgenden Produktion sinkt, und wenn man den Preis weiter herunterdrückte, so würde von der ganzen Güterart nichts mehr auf dem Markte erscheinen.

Die Maschinen dagegen, die Getreide und Rohstoffe erzeugen, sind das Geschenk der Natur, nicht das Werk des Menschen, und die Erfahrung lehrt uns, dafs diese Geschenke sehr verschiedene Eigenschaften und Fähigkeiten haben. Die fruchtbarsten Böden eines Landes, diejenigen, die wie die beste Maschine in der Industrie das gröfste Erzeugnis mit der geringsten Aufwendung von Arbeit und Kapital liefern, zeigen sich niemals ausreichend, um der wirksamen Nachfrage einer zunehmenden Volksmenge zu entsprechen. Deshalb steigt notwendigerweise der Preis der Bodenprodukte, bis er hinlänglich hoch ist, um die Kosten der Herstellung mit schlechteren Maschinen und einem kostspieligeren Verfahren zu decken. Da es aber für Getreide derselben Beschaffenheit keine zwei Preise geben kann, so müssen alle übrigen Maschinen, deren Anwendung bei gleichem Erzeugnis weniger Kapital erfordert, nach dem Mafs ihrer Vorzüge Renten abwerfen.

Jedes gröfsere Land kann also aufgefafst werden als Besitzer einer Stufenfolge von Maschinen, die der Erzeugung von Getreide und Rohstoffen dienen, und diese Stufenfolge setzt sich nicht nur aus den verschiedenen Arten geringen Bodens zusammen, woran jedes gröfsere Gebiet im allgemeinen Überflufs hat, sondern auch aus der Art von schlechten Maschinen, die dann als vorhanden anzusehen sind, wenn ein Boden von bestimmter Güte zur Gewinnung zusätzlicher Produktenmengen mehr und mehr ausgenutzt wird. Wenn der Preis der Bodenerzeugnisse immer mehr steigt, so kommen diese schlechteren Maschinen nach und nach zur Anwendung, und wenn der Preis der Bodenerzeugnisse immer mehr fällt, so treten sie nach und nach aufser Verwendung. Das Bild, dessen wir uns hier bedienen, zeigt gleichzeitig, dafs der bestehende Getreidepreis für den bestehenden Umfang der Produktion notwendig ist, und dafs ein starker Rückgang im Preise eines bestimmten Industrieerzeugnisses eine verschiedene Wirkung hätte von einem starken Rückgang im Preise der Bodenerzeugnisse.

Ich hoffe auf Entschuldigung, wenn ich bei der Lehre, dafs Getreide, wenn man die zur Zeit erzeugte Gesamtmenge in Betracht zieht, gerade wie Manufakte zu seinem notwendigen Preise verkauft wird, — wenn ich bei dieser Lehre ein wenig verweile und sie in verschiedenen Formen zur Darstellung bringe; denn ich erblicke hierin eine Wahrheit von der allergröfsten Wichtigkeit, die gänzlich übersehen worden ist, sowohl von den Ökonomisten, wie von Adam Smith, wie auch von allen Schriftstellern, welche die Sache so dargestellt haben, als würden die Bodenprodukte immer zu einem Monopolpreise verkauft.

Adam Smith hat sehr klar auseinandergesetzt, in welcher Weise die Zunahme des Reichtums und der Produktion die Wirkung hat, den Preis des Viches, des Geflügels, der zur Kleidung und zum Bauen verwendeten Rohstoffe, der nützlichen Mineralien u. s. w. im Vergleich mit dem Getreide zu steigern; aber er hat sich nicht auf die Erklärung der natürlichen Ursachen eingelassen, die den Getreidepreis bestimmen. Wohl hat er dem Leser nahe gelegt, sich die Ansicht zu bilden, dafs er den Getreidepreis nur für abhängig hält von der Beschaffenheit der Minen, die zur Zeit dem Verkehr die Umlaufsmittel liefern. Aber diese Ursache reicht offenbar nicht aus, um die thatsächlichen Preisverschiedenheiten des Getreides zu erklären, die in nahe benachbarten und in der nämlichen Entfernung von den Minen gelegenen Ländern beobachtet werden[b]).

Ich stimme ganz mit ihm überein, dafs es von grofsem Nutzen ist, die Ursachen eines hohen Preises festzustellen, da infolge einer solchen Untersuchung sich ergeben kann, dafs gerade der Umstand, über den wir klagen, die notwendige Folge und das sicherste Zeichen zunehmenden Reichtums und Gedeihens ist¹). Aber von allen Untersuchungen dieser Art kann sicherlich keine so wichtig oder allgemein interessant sein wie eine Untersuchung der Ursachen, die den Getreidepreis beeinflussen und jene so deutlich zu beobachtenden Preisunterschiede der einzelnen Länder hervorbringen.

Ich nehme keinen Anstand zu behaupten, dafs, abgesehen von Störungen im Geldwesen [1] und andern zeitweisen und zufälligen Umständen, die Ursache eines hohen Geldpreises des Getreides sein hoher Sachpreis ist, d. h. die gesteigerte Menge Kapital und Arbeit, welche angewendet werden müssen, es zu erzeugen. Die Ursache aber, warum dieser Sachpreis in Ländern, die schon reich sind und an Gedeihen und Volkszahl noch zunehmen, höher ist und stetig steigt, liegt in der Notwendigkeit, stets zu ärmerem Boden Zuflucht zu nehmen, zu Maschinen, deren Ausnutzung eine gröfsere Ausgabe erfordert, und die daher bewirken, dafs jede neue Vermehrung der Bodenprodukte mit einem gröfseren Aufwand erkauft werden mufs. Kurz jene Ursache ist in der wichtigen Wahrheit zu suchen, dafs Getreide in einem fortschreitenden Lande zu dem Preise verkauft wird, der nötig ist, um den gegenwärtigen Vorrat zu ergeben, und dafs, weil die Beschaffung dieses Vorrats schwerer und schwerer wird, der Preis entsprechend steigt[2].

---

[1] Bei allen unsern Erörterungen sollten wir möglichst den Teil des hohen Preises, der die Folge einer zu grofsen Geldmenge ist, und jenen auseinanderhalten, der natürlich ist und aus bleibenden Ursachen entsteht: im ganzen Verlauf der gegenwärtigen Auseinandersetzung ist diese Unterscheidung besonders notwendig.

[2] Man wird bemerken, dafs ich sage: „in einem fortschreitenden Lande", d. h. in einem Lande, das von Jahr zu Jahr mehr landwirtschaftliches Kapital braucht, um eine zunehmende Bevölkerung zu ernähren. Wenn kein neues Kapital und keine Zunahme der Bevölkerung in Frage stünde, und wenn aller Boden gut wäre, dann wäre es nicht richtig, dafs das Getreide zu seinem notwendigen Preise verkauft werden mufs. Der Preis könnte sinken, und wenn die Renten dann verhältnismäfsig abnähmen, so könnte der Anbau wie vorher stattfinden und dasselbe Erzeugnis gewonnen werden. Es kommt jedoch sehr selten vor, dafs alle in Anbau genommenen Böden eines Landes gut sind und eine wesentliche reine Rente abwerfen. Aufserdem mufs jedenfalls ein Preisabschlag während der Fortdauer

Der Getreidepreis, der durch diese Ursache bestimmt wird, erfährt natürlich durch andre Umstände erhebliche Veränderungen: durch direkt und indirekt wirkende Besteuerung, durch Fortschritte der Betriebsweise, durch Arbeitsersparung in der Landwirtschaft und besonders durch die Einfuhr fremden Getreides. Der letztere Umstand kann in der That zum gröfsten Teil die Wirkungen, die hoher Reichtum auf den Getreidepreis an sich ausübt, wieder aufheben, und der Volksreichtum kommt dann in einer andern Form zur Erscheinung.

Stellen wir uns sieben oder acht grofse Länder vor, die nicht weit voneinander und alle in annähernd gleicher Entfernung von den Minen liegen. Stellen wir uns weiter vor, dafs weder ihre Böden, noch ihre Tüchtigkeit in der Landwirtschaft erheblich ungleich sind; ihr Geldwesen sei in einer normalen Verfassung, Steuern gebe es nicht, und jeder Handel aufser dem Getreidehandel sei frei. Nehmen wir nun an, eines von ihnen erhebe sich im Kapitalbesitz und in der industriellen Geschicklichkeit sehr wesentlich über die andern, werde also viel reicher und bevölkerter. Ich meine, diese grofse Zunahme des Reichtums könnte unmöglich ohne starke Zunahme im Preise der Bodenerzeugnisse stattfinden, und dieser höhere Preis würde unter den angenommenen Verhältnissen das natürliche Zeichen und die unausweichliche Folge des vermehrten Reichtums und der stärkeren Volkszahl in dem fraglichen Lande sein.

Nehmen wir nun an, dieselben Länder hätten untereinander vollständige Freiheit des Getreideverkehrs, und die Frachtspesen u. s. w. wären ganz unbedeutend. Wir wollen dann wieder annehmen, eines der Länder überflügle die andern sehr stark hinsichtlich des gewerblichen Kapitals, der gewerblichen Geschicklichkeit, des Reichtums und der Volkszahl. Ich meine dann, da der Getreidehandel jeden wesentlichen Preisunterschied unmöglich machen würde, so würde er auch unmöglich machen, dafs das verwendete Kapital und das gewonnene Produkt einen sehr verschiedenen Umfang haben können. Die starke Zunahme des Reichtums könnte folglich nicht geschehen, ohne dafs eine grofse Ab-

---

der Pachtverträge landwirtschaftliches Kapital zerstören, dann aber wäre bei der Vertragserneuerung die Fähigkeit zu produzieren nicht mehr die frühere.

hängigkeit von den andern Nationen in Bezug auf das Getreide eintreten würde. Diese Abhängigkeit wäre unter den angegebenen Voraussetzungen das natürliche Zeichen und die durchaus notwendige Folge des vermehrten Reichtums und der gewachsenen Bevölkerung des fraglichen Landes.

Ich halte das für die beiden Alternativen, die notwendig bei einer starken Zunahme des Reichtums bestehen. Die hier gemachten Annahmen aber verwirklichen sich mit gewissen Einschränkungen in den europäischen Zuständen.

In Europa sind die Kosten des Getreidetransports oft erheblich. Sie bilden eine natürliche Schranke gegen die Einfuhr, und wenn selbst das Land regelmäfsig seinen Bedarf vom Auslande bezieht, mufs dort der Getreidepreis wesentlich über dem allgemeinen Niveau stehen. Auch werden thatsächlich die Preise der Roherzeugnisse in den verschiedenen Ländern Europas durch sehr verschiedene Böden, sehr verschiedene Stärken der Besteuerung und sehr verschiedene Grade der Einsicht in die landwirtschaftliche Theorie in mannigfacher Weise beeinflufst. Eine drückende Besteuerung und ein armer Boden können einen hohen Getreidepreis oder eine starke Abhängigkeit von andern Ländern für die Zufuhr bewirken, ohne dafs grofser Reichtum und starke Bevölkerung vorhanden sind. Andrerseits können gute Betriebsweisen und ein fruchtbarer Boden den Getreidepreis niedrig halten und das Land von fremder Zufuhr unabhängig machen, obgleich sein Reichtum bedeutend ist. Aber die hier festgestellten Gesetze sind die allgemeinen Gesetze des Gegenstandes, und wenn man sie auf einen besondern Fall anwendet, müssen die besondern Umstände dieses Falles immer in Betracht gezogen werden.

Hinsichtlich der Verbesserungen der Betriebsweise ist zu bemerken, dafs sie bei gleicher Beschaffenheit des Bodens die hauptsächliche Ursache bilden, die verhindert, dafs mit der Zunahme der erzeugten Getreidemengen der Getreidepreis entsprechend steigt. Aber wenn ihre Wirkung zuweilen auch recht stark ist, so reicht sie meist nicht hin, um den Umstand aufzuwiegen, dafs man unfruchtbaren Boden oder, anders ausgedrückt, schlechtere Maschinen benutzen mufs. In dieser Hinsicht unterscheidet sich das Bodenerzeugnis wesentlich vom Industrieerzeugnis.

Der Sachpreis der Industriewaren, mit andern Worten

die Menge Arbeit und Kapital, die notwendig ist, um von ihnen eine bestimmte Menge zu erzeugen, nimmt fast stetig ab, während die Menge Kapital und Arbeit, die notwendig war, um den letzten Zusatz zu gewinnen, der den Bodenerzeugnissen eines reichen, fortschreitenden Landes hinzugefügt wurde, fast stetig sich vergrößert. Deshalb beobachten wir auch, daß trotz der fortwährenden Verbesserungen in der Landwirtschaft der Geldpreis des Getreides unter sonst gleichen Umständen in den reichsten Ländern am höchsten steht, während trotz dieses hohen Getreidepreises und des daraus sich ergebenden hohen Arbeitslohnes der Geldpreis der Industrieerzeugnisse doch niedriger ist als in ärmeren Ländern.

Ich kann deshalb nicht mit Adam Smith übereinstimmen, der annimmt, der niedere Wert des Goldes und Silbers sei kein Beweis für den Reichtum und den blühenden Zustand des Landes, wo er sich findet [k]). Allerdings, wenn an die absolute Höhe dieses Wertes gedacht ist, so kann daraus nichts geschlossen werden, als daß die Minen ertragreich sind. Aber wenn man ihn nach der relativen Seite, d. h. im Vergleich mit den Verhältnissen andrer Länder, ins Auge faßt, so läßt sich viel daraus schließen. Wenn wir den Wert der Edelmetalle in verschiedenen Ländern und zu verschiedenen Zeiten in demselben Lande nach dem Preise des Getreides und der Arbeit schätzen — und das erscheint mir als die praktisch zuverlässigste Schätzung, wie denn auch Adam Smith selbst Getreide als Maßstab benutzt —: dann erscheint es mir als eine notwendige Folgerung, daß in Ländern, die in lebhaftem Handelsverkehr miteinander stehen, gleich weit von den Minen entfernt liegen und in der Bodenbeschaffenheit sich nicht sehr unterscheiden, der niedere Wert der Edelmetalle, also der hohe Preis der Bodenerzeugnisse, das sicherste Zeichen und die notwendigste Wirkung überlegenen Reichtums ist [1].

---

[1] Diese Schlußfolgerung wird der Lehre vom gleichen Niveau der Edelmetalle zu widersprechen scheinen. Und sie widerspricht ihr in der That, wenn man unter „gleichem Niveau" die in der gewöhnlichen Weise geschätzte Wertausgleichung versteht. Ich halte wirklich die Lehre für ganz unbewiesen und die Vergleichung der Edelmetalle mit dem Wasser für völlig ungenau. Die Edelmetalle streben immer nach einem Ruhezustande oder einem solchen

Es ist von Wichtigkeit, diesen Punkt festzustellen, damit wir nicht über eines der sichersten Zeichen der günstigen Lage eines Landes noch Klagen erheben. Es soll natürlich nicht behauptet werden, dafs der hohe Preis der Bodenerzeugnisse an sich dem Konsumenten vorteilhaft ist, sondern nur, dafs er mit Notwendigkeit den höheren und zunehmenden Reichtum begleitet, und dafs der eine ohne den andern nicht zu haben ist[1].

Hinsichtlich der arbeitenden Klassen der Gesellschaft, deren Interesse als Konsumenten man für besonders nahe berührt halten kann, ist es eine sehr kurzsichtige Auffassung der Frage, wenn man mit Besorgnis den hohen Getreidepreis als sicher nachteilig für sie auffafst. Die wesentlichen Bedingungen für ihre Wohlfahrt sind ihre eigenen vorsichtigen Gewohnheiten und die zunehmende Nachfrage nach Arbeit. Und ich habe kein Bedenken, ausdrücklich zu behaupten, dafs bei gleichbleibenden Gewohnheiten und gleichbleibender Nachfrage nach Arbeit der hohe Getreidepreis, wenn ihm Zeit gelassen worden ist, seine natürlichen Wirkungen hervorzubringen, nicht nur kein Nachteil, sondern sogar ein thatsächlicher und unzweifelhafter Vorteil für sie ist. Um einer gegebenen Nachfrage nach Arbeit zu genügen, mufs diese den notwendigen Produktionspreis empfangen, müssen die Arbeiter die Verfügung über die gleiche Menge Lebensmittel erhalten, ob diese billig oder teuer sind[2]. Aber wenn sie

---

Stande der Dinge, wobei ihre Bewegung unnötig wird. Aber sobald dieser Ruhezustand annähernd erreicht ist und die Wechselkurse auf alle Länder annähernd pari stehen, dann ist der Wert der Edelmetalle, in Getreide und Arbeit oder in den übrigen Waren geschätzt, durchaus nicht in allen Ländern derselbe. Um sich davon zu überzeugen, ist es nur nötig, auf England, Frankreich, Polen, Rufsland und Indien zu sehen, sobald die Wechselkurse pari stehen!). Dafs Adam Smith, der die Arbeit als den wahren Wertmafsstab zu allen Zeiten und an allen Orten empfiehlt, um sich blicken und doch sagen konnte, die Edelmetalle hätten stets in den reichsten Ländern den höchsten Wert —, das erschien mir immer als eine starke Abweichung von seiner Gewohnheit, seine Lehrsätze auf Thatsachen zu stützen.

[1] Selbst wenn Einfuhr stattfindet, müssen bei den thatsächlichen Zuständen und der Lage der europäischen Länder höhere Preise im Gefolge höheren und zunehmenden Reichtums eintreten.

[2] Wir dürfen uns durch die Aussagen vor dem Parlamentsausschufs, wonach eine Verbindung zwischen den Getreidepreisen und den Löhnen zu vermissen ist, nicht zu dem Glauben verleiten

die Verfügung über dieselbe Menge Unterhaltsmittel haben und entsprechend dem gestiegenen Preise mehr Geld empfangen, so wird ohne Zweifel im Verhältnis zu allen Gegenständen der Bequemlichkeit und des Luxus, die nicht im Zusammenhang mit dem Getreide teurer werden, — und es giebt viele solche im Verbrauch der Armen — ihre Lage ganz entschieden besser.

Der Leser wird bemerken, wie ich die Behauptung eingeschränkt habe. Ich weifs wohl und habe an einem andern Orte selbst darauf hingewiesen, dafs der Preis der Unterhaltsmittel oft ohne entsprechende Zunahme des Lohnes steigt[n]). Aber dies kann unmöglich auf die Dauer geschehen, wenn die **Nachfrage nach Arbeit** in unverändertem Mafse zunimmt und die Gewohnheiten der Arbeiter sowohl hinsichtlich ihres vorsichtigen Verhaltens als in Bezug auf die Arbeitsmenge, die sie leisten, sich nicht ändern.

Der besondre Übelstand, der zu befürchten steht, liegt darin, dafs der hohe Preis der Arbeit die Nachfrage nach

---

lassen, dafs beide thatsächlich von einander unabhängig seien. Der Preis der Unterhaltsmittel bildet in Wirklichkeit die Produktionskosten der Arbeit, das Angebot kann nicht erfolgen, wenn sie nicht bezahlt werden. Und wenn sich auch immer eine gewisse Ungenauigkeit finden wird, weil die gewerbliche Thätigkeit und die Gewohnheiten schwanken, und weil Zeit vergeht, bis die Ermutigung der Volkszunahme ihre sichtbaren Wirkungen auf dem Arbeitsmarkte zeigt: so wäre es doch ein gröfserer Irrtum, den Preis der Arbeit für ganz unabhängig vom Preise des Getreides zu halten, als wenn man annähme, der Getreidepreis bestimme ihn direkt und in allem einzelnen. Getreide und Arbeit stimmen selten vollkommen überein; aber sie können sich auch nicht allzuweit von einander entfernen. Die aufsergewöhnlichen Anstrengungen der Arbeiter in Zeiten der Teuerung, die den Rückgang des Lohnes bewirken, von dem in jenen Aussagen die Rede war, sind als sehr verdienstliche Handlungen der einzelnen anzusehen und begünstigen sicher das Anwachsen des Kapitals. Aber kein Mann von Gefühl kann wünschen, dafs sie beständig und ohne Unterlafs stattfinden. Sie sind sehr bewundernswert als zeitweise Hülfe; aber wenn sie immer stattfänden, so würden sie ähnlich wirken wie eine bis an die Grenze des vorhandenen Unterhalts getriebene Dichtigkeit der Bevölkerung: bei einer Teuerung gäbe es keine Zuflucht mehr. Ich gestehe, ich sehe die starke Ausbreitung des Stücklohnes nicht gern. Wirklich anstrengende Arbeit 12–14 Stunden im Tage zu leisten, ist auf die Länge der Zeit zu viel für den Menschen. Erholungspausen sind für die Gesundheit und Zufriedenheit notwendig, und der gelegentliche Mifsbrauch mit diesen Pausen ist kein durchschlagender Grund gegen den Gebrauch[m]).

ihr vermindern kann; und dafs er in dieser Richtung wirkt, wird man gern zugeben, besonders, da der Preis der Ausfuhrartikel dadurch gesteigert wird. Aber vielfache Erfahrung hat uns gezeigt, dafs solche Wirkungen durch andre Umstände immer wieder ausgeglichen werden und mehr als ausgeglichen. Und wir waren in unserm Lande Zeugen eines nach Gröfse und Raschheit wohl unerhörten Aufschwungs des Ausfuhrhandels, der in einer Zeit eintrat, als wir den Nachteil hatten, dafs der Preis des Getreides und der Arbeit im Verhältnis zu den Preisen in den umliegenden Ländern sehr stark stieg.

Auf der andern Seite zeigen sich überall viele Beispiele eines sehr niedrigen Geldlohnes, der nicht die Wirkung hat, die Nachfrage nach Arbeit zu steigern. Unter den arbeitenden Klassen verschiedener Länder sind sicherlich diejenigen in der elendesten Lage, bei denen die Nachfrage nach Arbeit und die Volkszahl unverändert bleiben, wenn auch der Preis der Unterhaltsmittel im Verhältnis zu dem der Manufakte und fremden Waren sehr niedrig ist. So billig sie sein mögen, so ist doch sicher, dafs unter solchen Umständen dem Arbeiter nicht mehr zufällt, als nötig ist, um die gegenwärtige Volkszahl gerade fortdauern zu lassen. Seine Lage ist nicht nur deshalb gedrückt, weil die Nachfrage nach Arbeit nicht zunimmt, sondern weiter durch den Mifsstand, dafs er mit dem geringen Überschufs, den er besitzt, nur über sehr wenige Industrieerzeugnisse und fremde Waren verfügen kann. Wenn wir beispielsweise annehmen, dafs bei einer stationären Bevölkerung in einer Familie von durchschnittlicher Gröfse zwei Drittel des in Getreide geschätzten Lohnes für den notwendigen Unterhalt verwendet werden, so macht es einen grofsen Unterschied für die Lage des Arbeiters, ob das übrigbleibende Drittel wenige oder viele Bequemlichkeiten und Luxusgegenstände verschafft, und fast immer wird ein gegebener Überschufs um so mehr Genüsse eintauschen, je höher der Getreidepreis ist.

Der hohe oder niedrige Preis der Nahrungsmittel in einem Lande ist daher ein sehr unsicheres Kennzeichen für den Zustand der Besitzlosen in diesem Lande. Ihre Lage hängt offenbar von andern, mächtigeren Umständen ab, und es ist wahrscheinlich richtig, dafs dieselbe ebenso häufig oder häufiger günstig ist in den Ländern, wo das Getreide teuer, als wo es billig ist.

Gleichzeitig allerdings ist darauf hinzuweisen, dafs der hohe Preis des Getreides, der aus der Schwierigkeit, es zu beschaffen, entsteht, als die schliefsliche Schranke angesehen werden kann, die dem unbegrenzten Fortschritt einer Nation im Reichtum und in der Volkszahl sich entgegensetzt. Und wiewohl die thatsächliche Entwickelung der Länder in der Raschheit ihrer Bewegung grofsem Schwanken durch äufsere und innere Verhältnisse ausgesetzt ist und es deshalb voreilig wäre, zu sagen, dafs ein Staat, der jetzt schon wohlbevölkert ist und nur langsam zunimmt, nicht in vierzig Jahren schnell zunehmen kann, so wird man doch einräumen, dafs die Wahrscheinlichkeit eines künftigen, raschen Fortschrittes vermindert wird, wenn im Vergleiche mit andern Ländern die Preise von Getreide und Arbeit hoch sind.

Es ist deshalb von grofser Wichtigkeit, dafs diese Preise möglichst wenig auf künstliche Weise, d. h. durch Besteuerung, gesteigert werden. Aber jede Steuer, die das landwirtschaftliche Kapital trifft, hat die Wirkung, die Anwendung solchen Kapitals auf die Urbarmachung frischen Bodens und auf die Verbesserung des alten zu erschweren. In einem früheren Abschnitt dieser Untersuchung[o]) ist nachgewiesen, dafs, ehe eine solche Kapitalverwendung stattfinden kann, der Preis des Getreides, verglichen mit den Auslagen der Produktion, hinlänglich steigen mufs, um den Bewirtschafter zu entschädigen. Wenn aber die zu überwindende Schwierigkeit durch eine Steuer noch gesteigert ist, so ist erforderlich, ehe die beabsichtigten landwirtschaftlichen Verbesserungen vorgenommen werden, dafs zuvor der Getreidepreis hinlänglich steigt, um nicht blos den Bewirtschafter, sondern auch den Staat zu bezahlen. Und so mufs jede Steuer, die das landwirtschaftliche Kapital trifft, eine beabsichtigte Verbesserung entweder verhindern oder erst bei einem höheren Preise zu stande kommen lassen.

Sobald neue Pachtverträge abgeschlossen werden, so werden im allgemeinen diese Steuern auf den Grundeigentümer überwälzt. Der Pächter schliefst so ab oder mufs so abschliefsen, dafs ihm selbst nach Bezahlung jeder Ausgabe der unter den gegenwärtigen Verhältnissen des Landes angemessene Gewinnsatz seines Betriebskapitals bleibt, wie der Satz nun sein mag, wie er sich insbesondere unter dem Einflufs von Steuern, namentlich einer so weitreichenden wie der Einkommensteuer, gestaltet haben mag[p]). Der

Pächter ist daher, indem er dem Eigentümer bei der Erneuerung des Vertrages einen geringeren Pachtzins bewilligt, von jedem besondern Druck befreit und kann die gewöhnliche Weise des Anbaues mit dem gewöhnlichen Gewinn fortsetzen. Aber die Ermutigung, neues Kapital zu verwenden, um den Betrieb zu verbessern, wird durch diesen frischen Abschlufs keineswegs wiederhergestellt. Diese Ermutigung mufs, ob sie nun dem Pächter oder dem Eigentümer gegeben werden soll, ausschliefslich vom Preise des Erzeugnisses verglichen mit dem Preise der Produktionsmittel abhängen, und wenn der Preis der Produktionsmittel durch die Steuer sich erhöht hat, so kann keine Herabsetzung der Pacht helfen. Es ist thatsächlich eine Frage, wobei der Pachtzins nicht in Betracht kommt. Und im Hinblick auf zunehmende Intensität kann man ruhig behaupten, dafs die gänzliche Aufhebung des Pachtzinses weniger Wirkung hätte als die Beseitigung derjenigen Steuern, die das landwirtschaftliche Kapital treffen.

Ich glaube, es ist die herrschende Meinung, dafs die grofsen Kosten, welche die Erzeugung von Getreide in unserm Lande verursacht, fast ausschliefslich durch die drückende Besteuerung bewirkt seien. An dem Einflufs vieler unsrer Steuern, die Anbaukosten und den Getreidepreis zu erhöhen, zweifle ich nicht. Aber der Leser wird aus dem Gange der Darstellung in dieser „Untersuchung" entnehmen, dafs nach meiner Meinung ein Teil dieses Preises und vielleicht kein unbedeutender aus einer tiefer liegenden Ursache entsteht, nämlich in Wahrheit das notwendige Ergebnis der grofsen Überlegenheit unsres Reichtums und unsrer Volkszahl ist, wenn wir diese Überlegenheit mit der natürlichen Beschaffenheit des Bodens und der Ausdehnung unsres Gebiets zusammenhalten.

Es ist das eine Ursache, die sich nur durch die regelmäfsige Einfuhr fremden Getreides und die Verminderung seines Anbaues im Lande wesentlich mildern läfst. Ich habe an einem andern Orte die Zweckmäfsigkeit eines solchen Verfahrens besprochen; aber natürlich wirkt, welches auch die Zollpolitik sein mag, jede Steuererleichterung dahin, dafs der Getreidepreis weniger hoch und die Einfuhr weniger nötig wird.

Beim Fortschreiten eines Landes zu einer höheren Stufe der Kultur mufs nach den Sätzen, die hier entwickelt worden sind, der absolute Reichtum des Grundeigentümers allmählich steigen, wenn auch im Vergleich mit andern Klassen seine Stellung und sein gesellschaftlicher Einfluſs wahrscheinlich eher abnehmen, weil die Zahl und der Reichtum derjenigen, die von einem noch wichtigeren Überschuſs[1], dem Kapitalgewinn, leben, sich vergröſsert.

Da im Werte der Edelmetalle in Europa ein stetiger Rückgang, der nur selten unterbrochen wurde, ein noch stärkerer Rückgang in den reichsten Ländern und zugleich eine Zunahme des vom Boden gewonnenen Ertrags eingetreten ist, so wirkt dieses zusammen, um dem Grundeigentümer bei der Erneuerung seiner Pachtverträge eine Steigerung der Pachtzinsen in Aussicht zu stellen. Aber bei der Neuverpachtung seiner Güter ist er einem zweifachen Irrtum ausgesetzt, der fast ebenso sehr seinem eigenen Vorteil wie dem des Landes schädlich wird.

Einerseits kann er durch die sofortige Aussicht auf eine übermäſsig hohe Pacht, die von den einander überbietenden Pachtliebhabern versprochen wird, sich veranlaſst fühlen, sein Gut einem Pächter zu überlassen, der nicht genügendes Kapital hat, um es auf die beste Weise zu bebauen und die nötigen Verbesserungen darauf vorzunehmen. Das ist sicher ein sehr kurzsichtiges Verfahren, dessen schlimme Wirkungen von den erfahrensten landwirtschaftlichen Taxatoren in den dem Parlament vorgelegten Zeugenaussagen nachdrücklich hervorgehoben wurden. Es hat sich das ganz besonders in Irland gezeigt, wo die Unvorsichtigkeit der Grundeigentümer in dieser Hinsicht, vielleicht auch die Schwierigkeit vermögende Pächter zu finden, die Unzufriedenheit des Landes verstärkt und einer Verbesserung der Betriebsweise die gröſsten Hindernisse entgegengestellt hat²). Die Folge dieses Irrtums ist, daſs jene Quelle einer späteren Rente für den Grundeigentümer und einer späteren Bereicherung für das Land, die in der Zunahme des Ertrags liegt, bestimmt verloren geht.

---

[1] Ich habe vorher in einer Note angedeutet, daſs der Kapitalgewinn nicht unpassend als Überschuſs bezeichnet werden darf¹). Aber ob Überschuſs oder nicht, er ist die wichtigste Quelle des Reichtums; denn er ist ohne alle Frage die hauptsächliche Quelle der Kapitalbildung.

Der zweite Irrtum, dem der Grundeigentümer ausgesetzt ist, besteht darin, dafs er eine blofs vorübergehende Preiserhöhung für eine so dauernde hält, dafs sie eine Steigerung des Pachtzinses rechtfertige. Es kommt häufig vor, dafs ein Mifswachs in einem Jahre oder in zwei, oder dafs eine ungewöhnlich starke Nachfrage, die aus irgend einer andern Ursache hervorgeht, den Getreidepreis auf eine Höhe bringt, auf der er sich nicht halten kann. Die Pächter, die unter dem Einflufs solcher Preise Güter übernehmen, müssen bei der Wiederkehr des normalen Zustandes aller Wahrscheinlichkeit nach bankerott werden und ihre Pachtungen zerrüttet und ausgesogen hinterlassen. Diese kurzen Perioden hoher Preise sind, wenn man den Pächtern den Vorteil daraus läfst, von grofser Wichtigkeit, indem sie Kapitalbildung in der Landwirtschaft bewirken. Aber wenn vorzeitig von den Grundeigentümern nach jenem Gewinn gegriffen wird, so erfolgt statt der Kapitalbildung eine Kapitalzerstörung, und der Grundeigentümer wie das Land erfahren einen Verlust, statt einen Vorteil zu haben.

Eine ähnliche Vorsicht in Betreff der Steigerung der Pachtzinsen ist notwendig, wenn selbst die Erhöhung der Preise den Anschein der Dauer bietet. Bei der Zunahme der Preise und der Pachtzinsen sollte der Pachtzins immer etwas zurückbleiben, nicht nur damit man feststellen kann, ob die Preissteigerung vorübergehend oder dauernd ist, sondern auch, wenn sie dauernd ist, damit einige Zeit bleibt, während deren in der Landwirtschaft Kapital gespart werden kann; denn davon hat der Grundeigentümer zuletzt mit Sicherheit allen Vorteil.

Es besteht kein wirklicher Grund, anzunehmen, dafs Getreide reichlicher und billiger wäre, wenn die Böden ihre Renten gänzlich zum Vorteil der Pächter abwürfen. Wenn die Auffassung des Gegenstandes, die in der vorstehenden Untersuchung vertreten wird, richtig ist, so werden die letzten Vermehrungen, die unserm heimischen Bodenerzeugnis hinzugefügt werden, zu den Produktionskosten verkauft, und dieselbe Menge könnte auch ohne jeden Pachtzins nicht um einen niedrigeren Preis auf unserm Boden erzeugt werden. Die Wirkung der Übertragung aller Renten an die Pächter würde blos die sein, sie zu vornehmen Herren zu machen und in Versuchung zu führen, dafs sie den Anbau unter die Aufsicht sorgloser und unbeteiligter Inspektoren stellen statt unter das wachsame Auge des Herrn, der aus Furcht vor dem Ruin sich vor Nachlässigkeit hütet und durch die Hoffnung auf einen reichlichen Unterhalt zu Anstrengungen angeeifert wird. Die meisten Beispiele erfolgreicher Thätigkeit und eines gut angewandten Wissens haben sich bei solchen gezeigt, die eine angemessene Pacht für ihre Güter bewilligt und ihr ganzes Kapital in ihr Unternehmen gesteckt haben, und die es jetzt für ihre Aufgabe ansehen, mit unermüdlicher Sorge darüber zu wachen und es wo immer möglich zu vermehren. Aber wo dieser löbliche Geist im Pächterstande herrscht, ist es für die Zunahme des Reichtums und die dauernde Vermehrung der Pachtzinsen von der äufsersten Wichtigkeit, dafs er nicht blos den Willen, sondern auch die Macht hat, Kapital zu bilden, und eine Zwischenzeit, in der die Preise steigen, ohne dafs sofort eine verhältnismäfsige Steigerung der Pachtzinsen folgt, verschafft eine derartige Macht in der wirksamsten Weise. Diese Zwischenzeiten zunehmender Preise tragen, wenn ihnen nicht Rückgänge folgen, sehr stark zur Entwickelung des Nationalreichtums bei. Ja, soweit die praktische Wirkung in Frage kommt, möchte ich behaupten, dafs unter der Voraussetzung einer entwickelten Erwerbsthätigkeit und Sparsamkeit ein vorübergehend hoher Stand des Gewinns häufiger und stärker zur Kapitalbildung führt als eine Zunahme des Sparsinns oder irgend eine andre Ursache, die sich anführen läfst [1]. Es ist das die einzige Ursache, wodurch sich die wunderbare Kapitalvermehrung erklären läfst, die bei einzelnen Personen unsres Landes in den letzten zwanzig Jahren erfolgt sein mufs und trotz unsrer grofsen Kapitalzerstörung, die in dieser langen Zeit jedes Jahr geschehen ist, zuletzt doch eine bedeutend vermehrte Kapitalmenge in unserm Besitz gelassen hat.

Unter den vorübergehenden Ursachen der hohen Preise, wodurch der Grundeigentümer zuweilen irregeführt wird,

---

[1] Adam Smith erwähnt die ungünstige Wirkung, die ein hoher Kapitalgewinn auf die Gewohnheiten des Kapitalisten ausübt *). Er kann vielleicht zuweilen Verschwendung verursachen; aber im allgemeinen möchte ich annehmen, dafs verschwenderische Gewohnheiten häufiger die Ursache des Kapitalmangels und hoher Gewinnsätze gewesen sind als hohe Gewinnsätze die Ursache verschwenderischer Gewohnheiten.

müssen Störungen im Geldwesen hervorgehoben werden. Wenn sie voraussichtlich von kurzer Dauer sind, müssen sie vom Grundeigentümer ebenso behandelt werden wie Jahre mit ungewöhnlich gesteigerter Nachfrage. Wo sie aber solange dauern wie bei uns, kann der Grundeigentümer nicht umhin, seinen Pachtzins darnach zu richten und es darauf ankommen zu lassen, dafs er ihn, wenn das Geld wieder in seine natürliche Verfassung zurückkehrt, erniedrigen mufs.

Der gegenwärtige Rückgang im Preise des Edelmetalls und der bessere Stand der Wechselkurse beweisen meiner Ansicht nach, dafs ein viel gröfserer Teil des Unterschiedes zwischen Gold und Papier, als viele Leute annahmen, auf den Handelsverhältnissen und einer besondern Nachfrage nach Edelmetall beruhte. Aber es wird dadurch keineswegs bewiesen, dafs nicht das ausgegebene Papiergeld eine stärkere Preissteigerung gestattete, als sich auf die Dauer aufrechterhalten läfst. Schon hat sich ein Preisrückgang, der nicht ausschliefslich auf der Getreideeinfuhr beruht, deutlich bemerkbar gemacht, und er mufs sich noch etwas fortsetzen, ehe wir die Barzahlungen wiederaufnehmen können. Diejenigen, die ihre Güter in der Zeit des gröfsten Wertunterschiedes zwischen Banknoten und Metallgeld verpachteten, müssen wahrscheinlich die Pachten ermäfsigen, welche Gesetzgebung auch in Bezug auf den Getreidehandel eingeführt werden wird. Solche Preisrückgänge haben immer ungünstige Folgen, und hohe Pachtzinsen, die teilweise durch Ursachen dieser Art herbeigeführt sind, hindern sehr die regelmäfsige Entwickelung der Preise und stören die Berechnungen sowohl des Pächters wie des Grundeigentümers.

Wenn er die hier hervorgehobenen Rücksichten bei der Verpachtung beachtet, kann der Grundeigentümer ruhig auf eine allmähliche und stetige Steigerung der Renten rechnen und zwar im allgemeinen auf eine Steigerung, die nicht blofs der Zunahme des Getreidepreises entspricht, sondern noch auf eine weitere Steigerung, die aus der Zunahme der Getreidemenge folgt[1].

Wenn bei einer Vergleichung von Pachtzinsen, die dem Standpunkt des Grundeigentümers und des Pächters in demselben Mafse gerecht werden, sich ergiebt, dafs bei den aufeinanderfolgenden Verpachtungen sie nicht noch stärker steigen wie der Preis des Getreides, so kommt das regelmäfsig von starker Besteuerung.

Wenn auch durchaus nicht richtig ist, was die Ökonomisten behaupten, dafs alle Steuern auf die reinen Pachtzinsen der Grundeigentümer fallen, so ist es doch sicher wahr, dafs diese letzteren häufiger als irgend eine andre Klasse sowohl mittelbar wie unmittelbar besteuert werden und weniger imstande sind, die Steuern von sich abzuwälzen. Und da sie, wie doch sicherlich der Fall, viele der Steuern bezahlen, die auf dem Kapital des Pächters und den Löhnen des Arbeiters ruhen, neben denjenigen, die ihnen unmittelbar auferlegt sind, so mufs das notwendig durch die Verminderung desjenigen Teils des ganzen Erzeugnisses, der unter andern Umständen ihnen zugefallen wäre, ihnen fühlbar werden. Aber das Mafs, in dem die verschiedenen Klassen der Gesellschaft von den Steuern betroffen werden, ist selbst ein umfassendes Thema, das zu den allgemeinen Gesetzen der Besteuerung gehört und eine besondere Untersuchung verdient.

Die Gründe

einer Meinung

über

die Zweckmässigkeit, die Einfuhr ausländischen Getreides

zu beschränken.

Ein Anhang

zu der Schrift

„Bemerkungen über die Getreidegesetze".

Von

Ehrw. **T. R. Malthus,**
Professor der Geschichte und Nationalökonomie an der Ostindischen Lehranstalt in Hertfordshire.

London

1815.

Gründe u. s. w.

Der ausgesprochene Zweck der „Bemerkungen über die Getreidegesetze", die ich im Frühling 1814 veröffentlichte, ging dahin, mit der strengsten Unparteilichkeit die Vorteile und Nachteile zu entwickeln, die in unsrer augenblicklichen Lage voraussichtlich aus den in der Beratung befindlichen Mafsnahmen hinsichtlich des Getreidehandels sich ergeben würden. Eine unbefangene Prüfung der beiden Entscheidungen, die in der Frage möglich sind, ohne jeden Versuch, die besondern Übel vorübergehender oder dauernder Art, wovon sie beide begleitet sind, zu verheimlichen, erschien mir nützlich, nicht blofs um einen verständigen Entschlufs zu befördern, sondern ganz besonders auch um das Land auf die eigentümlichen Wirkungen vorzubereiten, die je nach dem Ausfall dieses Entschlusses zu erwarten standen. Eine solche Vorbereitung, die von irgend jemandem ausging, erschien notwendig, um jener begründeten Unzufriedenheit vorzubeugen, die naturgemäfs eingetreten wäre, hätte die ergriffene Mafsregel ganz andere Folgen hervorgebracht, als ihre Verteidiger versprochen oder der Gesetzgeber vermutet gehabt.

Da dieser Zweck mafsgebend war, so bestand für mich weder die Notwendigkeit noch die Rätlichkeit, eine eigene entschiedene Meinung über die Streitfrage auszusprechen. Ja, es wäre das kaum verträglich gewesen mit der Unparteilichkeit, welche meine Darlegungen haben sollten und welche ich, wie ich glauben darf, ihnen auch gewahrt habe[1].

Nachdem aber nun diese vorläufigen Feststellungen veröffentlicht sind, die, wie ich hoffe, erweisen, dafs die Entscheidung jedesmal ein Kompromifs zwischen widerstreitenden Vorteilen und Nachteilen sein mufs, so trage ich nunmehr kein Bedenken, ohne jeden Vorbehalt und, wie ich ehrlich sagen kann, vollkommen frei von eigennützigen Beweggründen auseinanderzusetzen, worauf meine wohlerwogene, aber entschiedene, einer Beschränkung der Einfuhr fremden Getreides günstige Meinung beruht.

Diese meine Meinung habe ich mir gebildet, wie ich von den Lesern der „Bemerkungen" wünsche, dafs sie sich die ihrige bilden, indem ich unbefangen die Schwierigkeiten beider möglichen Entscheidungen in Betracht zog und ohne die trügerische Hoffnung, zu einem ganz einfachen Ergebnis zu gelangen, blos entschied, auf welcher Seite der meiste Vorteil mit der geringsten Beimischung von Schädlichkeiten zu finden sei. Die Gründe, worauf die auf diesem Wege zu stande gekommene Ansicht beruht, sind teilweise die in den „Bemerkungen" angegebenen, teilweise aber, ja überwiegend einige Thatsachen, die während des letzten Jahres eingetreten sind und nach meiner Ansicht den entschiedenen Ausschlag zu Gunsten der Beschränkung gegeben haben.

Diese neuen Thatsachen sind:
1. die dem Parlament vorgelegten Zeugenaussagen über die Wirkung der gegenwärtigen Getreidepreise wie auch die Erfahrungen des laufenden Jahres;
2. der gebesserte Wechselkurs und der Rückgang des Goldpreises;
3. und hauptsächlich die kürzlich in Frankreich erlassenen Gesetze über Getreideausfuhr.

1. In meiner Schrift „Bemerkungen über die Getreidezölle" bemühte ich mich nachzuweisen, dafs nach dem allgemeinen Gesetz von Angebot und Nachfrage kein bedeutender Rückgang im Getreidepreise eintreten kann, ohne dafs auf vielen geringen Böden der Anbau aufhört und für längere Zeit solche landwirtschaftliche Verbesserungen, die

---

[1] Einige meiner Freunde waren uneinig, welcher Seite meine Erörterungen sich mehr zuneigten. Das erscheint mir als ein ziemlich entscheidender Beweis der Unparteilichkeit.

eine Vermehrung der Produktion bezwecken, unterbleiben müssen ³).

Die wirtschaftlichen Gesetze, worauf ich bei der Aufstellung dieser Schlüsse rechnete, haben durch die Zeugenaussagen, die beiden Häusern des Parlaments vorgelegt worden sind, eine volle Bestätigung erhalten, und die Wirkung eines beträchtlichen Rückganges im Getreidepreise wie diejenige der Aussicht auf fortdauernd niedrige Preise ist in einer sehr starken Hemmung des Anbaues und einem grofsen Verlust landwirtschaftlichen Kapitals zum Ausdruck gekommen.

Was man auch über die Sonderinteressen und die natürliche Voreingenommenheit der Personen, die zur Abgabe dieser Zeugenaussagen berufen wurden, behaupten mag, so wird man sich doch auf Grund des ganzen Inbegriffs der Erhebungen der Überzeugung nicht verschliefsen können, dafs in den letzten zwanzig und besonders in den letzten sieben Jahren das in der Landwirtschaft angelegte Kapital stark vergröfsert worden ist, Anbau und Meliorationen sich dadurch stark vermehrt haben und ein System rationeller Verbesserungen und eines „intensiven Betriebes", wie man es technisch nennt, sich entwickelt hat, und zwar hauptsächlich durch die stetige Steigerung der Preise, die ihrerseits wieder in hohem Mafse die Folge der Erschwerung der Getreideeinfuhr durch den Krieg war. Es ergiebt sich aus jenen Zeugnissen ferner, dafs die rasche Vermehrung des Kapitals im Landbau, die sich mit der Preissteigerung verband, die inländische Getreideproduktion so vergröfserte, dafs trotz der starken Zunahme der Bevölkerung wir für unsre Versorgung weit unabhängiger von fremder Zufuhr geworden waren. Sie lehren weiter, dafs bei den hohen Preisen dem Boden noch immer Kapital fehlte, und dafs dieses eine Vergröfserung zuliefs, bei der eine noch weiter zunehmende Bevölkerung ihren vollen Bedarf hätte finden können. Andrerseits zeigen jene Aussagen auch, dafs der Preisrückgang, der neuerdings stattgefunden hat, und die Furcht vor einem weiteren Rückgang infolge fortgesetzter Getreideeinfuhr nicht nur allen Fortschritt des Anbaues gehindert, sondern schon jetzt einen bedeutenden Verlust an dem in der Landwirtschaft angelegten Kapital verursacht hat, und dafs eine Fortdauer der niederen Preise trotz des Zurückgehens der Pachtzinsen unzweifelhaft im ganzen Lande die Zerstörung grofser Vermögensmassen des Pächterstandes und eine erhebliche Verminderung der angebauten Fläche und der Ernten bewirken wird [b]).

Man hat zuweilen gesagt, dafs die Einbufsen, welche die Pächter jetzt erleiden, nur die natürliche und notwendige Folge übertriebener Unternehmungslust sind, und dafs sie von ihnen getragen werden müssen wie von allen andern Geschäftsleuten, die sich in fehlschlagende Spekulationen eingelassen haben. Aber es handelt sich nicht oder sollte sich doch nicht handeln um die Verluste oder die Gewinne der Pächter, noch um eine Vergleichung der jetzigen und der früheren Lage der Gutsbesitzer. Diese Verhältnisse müssen vielleicht untersucht werden, wenn man weitere Zwecke erreichen will; aber die eigentliche Frage ist, ob die eingetretene Veränderung des Geistes unserer Gesetzgebung in Bezug auf die Zulassung fremden Getreides dem Volksvermögen den grofsen Verlust, der ihr beigemessen wird, wirklich zugefügt hat.

Wir haben sicherlich kein Recht, unsern Landwirten wegen ihrer Verwendung eines so grofsen Kapitals den Vorwurf leichtsinnigen Spekulierens zu machen. Man mufs zugestehen, dafs der Friede ganz unerwartet eintrat; und hätte der Krieg fortgedauert, so wäre das im Landbau angelegte Kapital zur Bewahrung des Landes vor dem äufsersten Mangel auch weiter so notwendig gewesen wie im Jahre 1812, als trotz des hohen Getreidepreises von mehr als 6 Guineen per Quarter nur eine Einfuhr von wenig über 100 000 Quarter zu bewerkstelligen war. Hätten wir nicht in Folge der sehr erheblichen Ausdehnung des Anbaues, die in den vier oder fünf vorhergehenden Jahren geschehen war, unsre durchschnittliche Jahresproduktion sehr stark gesteigert gehabt, so hätte die Not jenes Jahres eine äufserst ernste Gestalt angenommen [c]).

Es giebt sicherlich keine einzelne Ursache, die kaufmännische Unternehmungen auch nur annähernd in dem Mafse beeinflussen kann, wie der jetzt mafsgebende Umstand auf die Landwirtschaft wirkt. Die Verluste der einzelnen betroffenen Personen sind wohl in dem einen wie in dem andern Falle gleich empfindlich; ja, die Erschütterungen des Handels bewirken oft vollständigere Vermögenseinbufse und tieferen Fall. Aber das bezweifle ich, ob jemals in unsrem Lande durch die ausgedehnteste Handelskrise ein Viertel soviel Vermögen oder ein Zehntel soviel Personen in Mitleidenschaft gezogen wurden als durch die Wirkungen des heutigen raschen Niedergangs der Getreidepreise in Verbindung mit dem schlechten Ausfall der Ernte [1]. Verluste der Einzelnen werden in demselben Verhältnis zu Verlusten des Volkes, wie sie einen gröfseren Teil des nationalen Kapitals und eine gröfsere Anzahl Individuen berühren, und ich meine, man mufs auch noch weiter zugestehen, dafs keine Einbufse bei gleicher Gröfse so tief die Lebensinteressen des Volkes berührt und so schwer wieder gutzumachen ist als eine solche, die am landwirtschaftlichen Kapital und am landwirtschaftlichen Erzeugnis eintritt.

Wenn die gesetzgebenden Körperschaften unparteiisch die Vorteile wie die Nachteile erwägen wollen, die mit den beiden möglichen Beantwortungen der Frage sich verknüpfen, so beweisen ohne Zweifel die den zwei Häusern des Parlamentes vorgelegten Aussagen, noch mehr aber die Erfahrung des laufenden Jahres, dafs die unmittelbar drohenden Schäden die durch eine Schutzzollpolitik beseitigt werden können, von keinem unbedeutenden Gewichte sind.

2. In den „Bemerkungen über die Getreidegesetze" begründete ich den Vorschlag, mit der endgültigen Festsetzung des Preises, bei welchem Getreide eingeführt werden dürfe, noch zu warten, durch den Hinweis auf die schwankenden Verhältnisse unsres Geldwesens. Ich bemerkte, man müfste dreierlei Preise für die zollfreie Einfuhr bestimmen, je nachdem sich ergeben würde, dafs das gesetzliche Zahlungsmittel auf den Wert des Metallgeldes stiege, oder dafs es seinen damaligen Wertunterschied vom Metallgeld behielte, oder dafs es einen mittleren Kurs erreichte infolge eines Rückganges im Wert des Metalls durch das Aufhören der aufserordentlichen Nachfrage nach diesem und infolge einer Steigerung im Werte des Papiers durch die Aussicht auf die Rückkehr zur Barzahlung. Im Laufe des letzten Jahres zeigte der Stand unsrer Wechselkurse

---

[1] Verluste im Handel bleiben immer verhältnismäfsig auf einen Teil des Standes beschränkt; aber die gegenwärtigen Verluste, die durch das ungewöhnliche Zusammenwirken niedriger Preise und einer schlechten Ernte entstanden sind, versetzen den sämtlichen Landwirten einen schweren Schlag. Es hat vielleicht niemals ein den Interessen der Landwirtschaft schädlicheres Jahr gegeben.

und der Rückgang im Preise des Edelmetalls ganz deutlich, dafs die mittlere Veränderung, von der ich damals sprach, die gröfser ist als beim Eintreten der ersten Voraussetzung, kleiner als beim Eintreten der zweiten notwendig erschien, diejenige ist, die man mit der Hoffnung, sie dauernd aufrechterhalten zu können, einführen darf, und so leidet heute unser gesetzgeberisches Vorgehen nicht mehr unter der Ungewifsheit über das Geldwesen, wie es der Fall gewesen wäre, wenn wir Anfangs des vorigen Jahres eine definitive Entscheidung getroffen hätten [1]. Diese Änderung von mittlerem Mafse jedoch hat zur Voraussetzung eine Wertsteigerung des Papiergeldes bei der Rückkehr zur Barzahlung und einen allgemeinen Preisrückgang, der ganz unabhängig von jeder Gesetzgebung über den Getreidehandel eintreten wird [2,d]).

Aber wenn ein Rückgang der Preise aus dieser im Geldwesen liegenden Ursache stattfinden mufs und ein solcher Rückgang unmöglich ohne bedeutende Einschränkung der produktiven Thätigkeit und ohne Entmutigung der Kapitalbildung erfolgen kann, so erscheint es als ein übelgewählter Zeitpunkt, wenn die Gesetzgebung noch einen gröfseren Preisrückgang bewirken wollte, indem sie plötzlich ein System der Einfuhrbeschränkungen verliefse, das sie

---

[1] Indessen würde ich doch jetzt sehr wünschen, wir hätten im vorigen Jahre irgend eine gesetzliche Bestimmung erlassen. Sie hätte der Nation einen grofsen Verlust an landwirtschaftlichem Kapital erspart, der erst in längerer Zeit wieder einzubringen sein wird. Aber ein solches Jahr wie das gegenwärtige war nicht vorherzusehen, — solch ein Zusammentreffen einer sehr ungünstigen Ernte und sehr niedriger Preise e).

[2] Ich zweifle nicht, dafs der Wert des Papiergeldes schon gestiegen ist, trotz der vermehrten Ausgabe von Banknoten. Diese stärkere Notenausgabe erkläre ich mir hauptsächlich durch die bedeutenden Bankerotte unter den kleinen Notenbanken und durch die grofsen Einkäufe zum Absatz auf den Märkten des Kontinents. Unter solchen Umständen konnte vermehrte Notenausgabe und zugleich eine Wertsteigerung der Noten eintreten. Aber das Geldwesen hat seine normale Beschaffenheit noch nicht wieder erlangt. Der reale Wechselkurs mufs während des letzten Jahres stark zu unsern Gunsten gewesen sein, obgleich der nominelle Kurs stark gegen uns steht. Das zeigt unwiderleglich, dafs unser Geld im Vergleich mit den Metallwährungen des Kontinents noch entwertet ist. Allerdings läfst sich ein Teil dieser verhältnismäfsigen Entwertung darauf zurückführen, dafs der Wert der Edelmetalle in Europa noch nicht auf seine frühere Höhe zurückgegangen ist f).

konsequent während des gröfsten Teils des vorigen Jahrhunderts befolgt und, nachdem sie es kurze Zeit aufgegeben, als ihre endgültige Politik in den beiden letzten Neuregelungen der Vorschriften über den Getreidehandel wieder angenommen hat. Hätte man selbst die Absicht, später der Einfuhr die Häfen zu öffnen, so wäre es doch vielleicht eine weise Mafsregel, einige Übergangsbestimmungen zu treffen, um die grofse Erschütterung zu verhüten, die eintreten mufs, wenn die hier angegebenen zwei Ursachen der Warenentwertung infolge eines gleichzeitigen Zusammenwirkens im vollsten Mafse ihren Einflufs üben können.

3. Ich wies in den „Bemerkungen über die Getreidegesetze" nach, dafs die Niedrigkeit und Stetigkeit des Getreidepreises, die von den Verteidigern des Schutzzolls versprochen wurden, aus den von ihnen vorgeschlagenen Mafsnahmen nicht hervorgehen könnten, dafs es in Wahrheit für uns unmöglich sei, unsern Getreidebedarf durch die inländische Produktion zu decken, ohne dafs sich der Preis viel höher stellen müsse, als er durchschnittlich im übrigen Europa ist, und dafs, so lange das der Fall, da wir nicht mit Vorteil zu exportieren imstande seien, wir den Preisschwankungen ausgesetzt blieben, die durch das übermäfsige Angebot nach einer reichen Ernte sich ergeben müfsten; kurz man müsse einräumen, dafs der „freie Getreideverkehr" regelmäfsig nicht blofs eine billigere, sondern auch eine gleichmäfsigere Versorgung mit Getreide gewähre*).

Als ich diese bestimmte Anschauung über die Wirkungen eines freien Getreideverkehrs aussprach, dachte ich natürlich an einen **wirklich freien Verkehr**, — d. h. einen Verkehr, wobei eine Nation in dem Verhältnis ihrer Zahlungsfähigkeit Anteil hat an der Produktion der weiten Welt, ob diese Produktion reichlich oder spärlich ausgefallen ist. In diesem Sinne halte ich an der damals ausgesprochenen Meinung noch jetzt fest; aber seit dieser Zeit ist ein Ereignis eingetreten, das in der deutlichsten Weise gezeigt hat, dafs wir selbst in Friedenszeiten ganz aufser Stande sind, einen freien Getreideverkehr auch nur annähernd zu erlangen, welches auch unsre Wünsche in dieser Beziehung sein mögen.

Man hat vielleicht bei der Erörterung der Vorteile eines freien Getreidehandels gewöhnlich nicht genug berücksichtigt, dafs die Eifersucht und die Furcht der Nationen wegen der Unterhaltsmittel selten eine freie Ausfuhr des Getreides gestatten, sobald dieses irgend knapp ist. Unsre eignen Gesetze bis zum letzten Jahr sind ein Beweis für diese Furcht, die bei uns bestand, und Vorschriften, die dem gleichen Zwecke dienen, verwirklichen bei Gelegenheit in fast allen Staaten Europas die Forderungen der Volksstimme. Aber die Gesetze über die Getreideausfuhr, die im letzten Jahr in Frankreich erlassen worden sind, haben uns diesen Gegenstand in der stärksten und wirksamsten Weise nahegelegt. Unser nächster Nachbar, der den ausgedehntesten und besten Getreideboden in Europa besitzt und infolge eines günstigeren Klimas und Bodens, einer langsamer wachsenden und verhältnismäfsig wenig dichten Bevölkerung und eines geringeren Steuerdrucks Getreide zu weniger als der Hälfte unsres Preises erzeugen kann, hat ein Gesetz erlassen, wonach die Getreideausfuhr frei sein soll, bis der Preis auf etwa 49 Schilling[1] das Quarter steigt, und dafs sie dann ganz aufhören soll[2] [b]).

Wegen der Nähe von Frankreich und der Billigkeit seines Getreides in allen Jahren mit Ernten von gewöhnlicher Reichlichkeit ist es kaum möglich, dafs unsre hauptsächliche Einfuhr von anderswo als von dort kommt, solange unsre Häfen dafür offen bleiben. In dem laufenden ersten Jahr eines freien Verkehrs ist die Einfuhr eine solche, die zeigt, dafs, während das aus der Ostsee kommende Getreide

---

[1] Das Pfund Sterling ist hier zu 24 Livres gerechnet.
[2] Manche haben angenommen, dafs dieses Gesetz nicht ausgeführt werden könne noch werde; aber ich kann diese Meinung nicht für begründet halten. Es ist schwer, Verbote der Getreideausfuhr durchzuführen, wenn das Getreide sehr reichlich vorhanden ist, aber nicht, wenn es daran fehlt. In den zehn Jahren vor 1757 hatten wir regelmäfsig im Durchschnitt über 400 000 Quarter Weizen ausgeführt, und in jenem Jahr ergab sich plötzlich ein Überschufs der Einfuhr[i]). Was die angeführte Ohnmacht der Regierungen in dieser Beziehung betrifft, so entnehme ich den Thatsachen viel mehr ihre Stärke als ihre Schwäche. Um sich davon zu überzeugen, ist es nur nötig, die Abnahme der Einfuhr aus Amerika während des Krieges und besonders aus der Ostsee nach den Dekreten Bonapartes ins Auge zu fassen. Die Einfuhr aus Frankreich und der Ostsee im Jahre 1810 beruhte auf einer besonderen, der Staatseinnahme wegen erteilten Erlaubnis. Eine derartige Erlaubnis zeigte eher Stärke als Schwäche und hätte versagt werden können, wenn man damals einen wichtigeren Zweck als die Staatseinnahme verfolgt hätte.

bei einer ungünstigen englischen Ernte unsre Preise nicht stark herabsetzen kann, dagegen das französische Getreide sie bis unter die Produktionskosten zu drücken vermag, obgleich eine der schlechtesten Ernten, die seit einer langen Reihe von Jahren vorgekommen sind, ihre Wirkung übt.

Ich habe gerade einen Auszug aus einer Zeitung von Rouen vor Augen, worin die Getreidepreise von 14 verschiedenenen Marktplätzen in der ersten Oktoberwoche enthalten sind, und woraus sich ein Durchschnittspreis von etwa 38 Schilling das Quarter ergiebt[1], und das war der Fall, nachdem in Havre und Dieppe wegen der Gröfse der ausgeführten Getreidemenge und der dadurch bewirkten Preissteigerung Unruhen stattgefunden hatten.

Man wird vielleicht sagen, dafs die jüngste französische Ernte sehr günstig war und keinen Schlufs auf die gewöhnlichen Preise gestattet. Aber nach allem, was ich höre, sind die Preise in den letzten zehn Jahren oft ebenso niedrig gewesen, und aus dem Preise, bei welchem nach dem Gesetz die Ausfuhr aufhören soll, kann man, glaube ich, schliefsen, dafs der Durchschnittspreis nicht über 40 Schilling das Quarter ist [k]).

Zu einer Zeit, als nach Adam Smith die Produktionskosten in unserm Lande nur 28 Schilling das Quarter betrugen und der Durchschnittspreis mit Einschlufs der Teuerungsjahre nur 33 Schilling, war die Ausfuhr erst bei einem Preise von 48 Schilling verboten[1]). Es war damals die Absicht der englischen Regierung, den Ackerbau zu ermuntern, indem man ihm Absatz verschaffte. Wir können annehmen, dafs dieselbe Rücksicht die französische Regierung bei dem neuen Gesetz über die Ausfuhr beeinflufste. Man darf daher wohl schliefsen, dafs der Preis des Weizens in gewöhnlichen Jahren erheblich unter demjenigen steht, bei dem das Ausfuhrverbot beginnt.

Bei solchen Preisen in unsrer nächsten Nähe, so dafs wir uns mit verhältnismäfsig grofser Schnelligkeit die Zufuhr verschaffen können — gerade das aber ist beim Getreideverkehr ein äufserst wichtiger Umstand —, kann kein Zweifel bestehen, dafs, wenn unsre Häfen offen wären,

---

[1] Der Durchschnitt ist 16 Francs 21 Cent. das Hektoliter. Das Hektoliter ist etwa 1/20 kleiner als drei Winchester Bushel, und so kommt das englische Quarter ungefähr auf 38 Schilling.

unsre hauptsächliche Getreidezufuhr aus Frankreich käme und wir, so oft in jenem Lande die gewöhnliche Fülle herrscht, von dort reichlicher bezögen als aus der Ostsee. Aber dieses selbe Land, das somit unsre hauptsächliche und gewöhnliche Zufuhrquelle würde, müfste uns plötzlich alle Hilfe versagen, sobald nur ein mäfsiger Mifswachs einträte. Wir müfsten uns also nach andern Ländern umsehen, von denen aber nach einer feststehenden Regel grofse plötzliche Zufuhren nicht zu erlangen sind, um nicht nur unsre gewöhnliche Einfuhr und die regelmäfsigen Schwankungen, die darin vorkommen, zu erhalten, sondern auch noch diejenige, die uns von Frankreich plötzlich abgeschnitten worden wäre, und die unsre gewohnheitsgemäfs zu kleine Produktion jetzt unbedingt notwendig gemacht hätte.

Wenn wir unter solchen Umständen unsre Häfen öffnen, so bedeutet das nicht einen freien Getreideverkehr, und während ich unbedenklich sagen würde, dafs ein freier Getreideverkehr dazu angethan wäre, stetigere Preise hervorzubringen als das System der Beschränkungen, womit wir ihn verglichen haben, so nehme ich ebensowenig Anstand, zu sagen, dafs ein solcher Getreideverkehr, wie ich ihn jetzt beschrieben habe, viel schädlichere und gröfsere Preisschwankungen hervorbrächte als das ausgesprochenste System der Einfuhrverbote.

Solch eine Art des Getreidehandels erschüttert die Grundlagen und verändert vollständig die Annahmen, auf denen die allgemeinen Sätze vom Freihandel beruhen. Denn was sagen diese Sätze? Sie sagen und mit vollem Recht, dafs, wenn jedes Volk sich vorzugsweise jener Art von Beschäftigung und Gütererzeugung widmete, wofür Boden, Klima, Lage, Kapital und Geschicklichkeit es am meisten geeignet machen, und wenn diese Länder dann ihre Erzeugnisse frei miteinander austauschten, darin die sicherste und wirksamste Weise läge, um nicht nur den Reichtum und das Wohlergehen der Gesamtheit der Handelswelt in der schnellsten Weise zu fördern, sondern auch jedem einzelnen Volke innerhalb dieser Gesamtheit den vollen und gänzlichen Gebrauch all seiner Hilfsmittel zu verschaffen.

Ich will allerdings durchaus nicht die Meinung äufsern, dafs, wenn wir nicht die vollständigste Handelsfreiheit haben können, wir gar keine haben sollten, oder dafs eine grofse Nation sofort ihre Handelspolitik ändern mufs, wenn irgend eines der Länder, mit denen sie im Verkehr steht, Gesetze erläfst, die mit den Grundsätzen des Freihandels nicht vereinbar sind. Aber ich verwahre mich auf das vollständigste gegen die Lehre, dafs wir unsre allgemeinen Sätze festhalten müssen, ohne je zu prüfen, ob sie im vorliegenden Falle anwendbar sind, und dafs wir in der Politik und in der politischen Ökonomie, wie es in der Moral sicherlich das Richtige ist, gerade voranzugehen haben, ohne auf das Verhalten und Thun Andrer Rücksicht zu nehmen.

Jeder, der im mindesten mit der politischen Ökonomie bekannt ist, mufs wissen, dafs der Nutzen der Arbeitsteilung, sei es nun unter Nationen oder unter Einzelnen, allein und vollständig auf der Möglichkeit, später die Erzeugnisse der Arbeit auszutauschen, beruht. Niemand aber kann in Abrede stellen, dafs es vollständig in der Macht Fremder liegt, solchen Austausch zu verhindern und den Vorteil gänzlich zu zerstören, der sonst aus der Anwendung der Thätigkeit der Einzelnen oder der Nationen auf besondere, für sie passende Güterherstellungen sich ergäbe.

Nehmen wir z. B. an, dafs die Bewohner des schottischen Tieflandes zu den Hochländern sagten: „Wir wollen unser Getreide für euer Vieh austauschen, sobald wir eine überschüssige Menge haben; aber wenn unsre Ernten irgendwie mifsraten, so dürft ihr nicht auf ein einziges Korn rechnen." Würde dann nicht die Frage wegen der Zweckmäfsigkeit jener Umgestaltung, die gegenwärtig im Hochlande sich vollzieht, ganz anders zu beurteilen sein? Wäre es nicht vollkommen unsinnig von den Hochländern, nur jene allgemeinen Sätze zu berücksichtigen, die ihnen die Weisung geben, den Boden für den Zweck, wozu er sich am besten eignet, zu benutzen? Wenn Zufuhren von Getreide nicht mit irgendwelcher Regelmäfsigkeit und Sicherheit von anderswo zu erhalten wären, würde es dann nicht unbedingt notwendig für sie sein, solches selbst zu erzeugen, wie ungeeignet auch ihr Boden und ihr Klima dafür sein mögen?

Dasselbe gilt von allen Weidegegenden in Grofsbritanien im Vergleich mit den danebenliegenden Getreidegegenden. Wenn jene nur den Überflufs ihrer Nachbarn erlangen könnten, aber von dem Erzeugnis, wenn es spärlich wäre, keinen Anteil erhielten, so könnten sie natürlich nicht ohne die gröfste Unsicherheit ihren gegenwärtigen Beschäftigungen sich hingeben.

Deshalb besteht ein grofser Unterschied zwischen dem Getreidehandel im Innern und dem nach Aufsen. Eine Regierung, die nur einige Macht besitzt, kann dafür sorgen, dafs der innere Getreidehandel thatsächlich frei ist. Sie kann den Weidegegenden, bezw. den Städten, die ihren Unterhalt aus einiger Entfernung beziehen müssen, ihren Anteil am Gesamterzeugnis sichern, ob dieses nun reichlich oder spärlich ausfällt. Sie kann sie vollständig darüber beruhigen, dafs ihnen die Möglichkeit bleibt, die eigentümlichen Erzeugnisse ihrer eigenen Arbeit für die andern Erzeugnisse, die ihnen notwendig sind, auszutauschen, und sie kann deshalb ihren Unterthanen die unschätzbaren Vorteile eines ungehemmten Verkehrs gewähren.

Aber keine einzelne Nation hat die Macht, die Freiheit des auswärtigen Getreidehandels zu verbürgen. Um das zu vollziehen, ist die Mitwirkung vieler andrer notwendig, und diese Mitwirkung wird durch die Furcht und Eifersucht, die in Bezug auf die Unterhaltsmittel so allgemein herrscht, fast immer verhindert. Es giebt kaum ein Volk in Europa, das nicht zeitweise die Mafsnahme ergreift, seine Getreideausfuhr ganz zu hemmen oder schwer zu besteuern, wenn nicht gar Ausfuhrverbote einen Teil seiner regelmäfsig geltenden Gesetze bilden.

So ist denn offenbar die Frage, die uns beschäftigt, eine specielle, nicht eine allgemeine. Es handelt sich nicht um die Vorteile des Freihandels gegenüber einem System der Beschränkungen, sondern um die Wahl zwischen einem speciellen, von uns selbst entworfenen System der Beschränkungen, das den Zweck hätte, uns in Durchschnittsjahren fast unabhängig von der fremden Zufuhr zu machen, und jenem andern speciellen System beschränkter Einfuhr, das unter den bestehenden französischen Gesetzen und bei dem thatsächlichen Zustande der andern kontinentalen Staaten allein uns offen stünde [1].

Wenn ich zunächst die Hilfsquellen des Landes hinsichtlich einer uns vom Auslande unabhängig machenden

---

[1] Es ergiebt sich aus den parlamentarischen Zeugenverhören, dafs das Getreide der Ostseeländer oft sehr schwer besteuert wird, und dafs diese Steuer gewöhnlich in dem Verhältnis erhöht wird, in dem wir in gröfserer Verlegenheit sind. In einem Teuerungsjahr in unserm Lande könnten wir keine erhebliche Menge Getreide von der Ostsee bekommen, ohne einen ungeheuern Preis dafür zu zahlen m).

und für eine zunehmende Bevölkerung hinreichenden Produktion in Betracht ziehe und dann die Vorteile der beiden obenerwähnten Systeme, zugleich aber auch ihre Nachteile gegen einander halte, so bin ich ganz entschieden, nach welcher Seite das Übergewicht liegt. Ich bin nämlich entschieden der Meinung, dafs ein System von Beschränkungen, das darauf berechnet ist, uns in Durchschnittsjahren fast unabhängig von fremder Getreidezufuhr zu machen, wirksamer zur Bereicherung und zum Wohlergehen des Landes und des bei weitem gröfsten Teils der Bevölkerung beiträgt als die Erschliefsung unsrer Häfen für eine freie Zufuhr fremden Getreides unter den gegenwärtigen Zuständen Europas.

Dafs Grofsbritannien und Irland zur Erzeugung weiteren Getreides imstande sind, wenn sie auf den Boden weiteres Kapital verwenden, wird durch die dem Parlament vorgelegten Zeugenaussagen auf das vollständigste bewiesen[o]. Aber es ist für diese Frage nicht notwendig, sich auf Zeugen zu berufen, die man vielleicht als parteiisch ansieht. Die besten Werke über Landwirtschaft aus den letzten Jahren sind alle in derselben Behauptung einig und erhalten eine jeden Zweifel ausschliefsende Bestätigung durch die aufserordentlich grofsen Bodenverbesserungen und die wunderbare Steigerung der Erträgnisse, die in der letzten Zeit in einigen Bezirken stattgefunden haben, welche an natürlicher Beschaffenheit des Bodens andern nicht überlegen sind, die noch immer die dürftigsten und elendesten Ernten liefern. Die meisten leichten Böden des Königreiches könnten bei entsprechender Kapitalverwendung und Tüchtigkeit auf die Höhe der meliorierten Teile von Norfolk gebracht werden, und die weiten Striche Lehmboden, die fast im ganzen Lande noch in zurückgebliebenem Zustande sich befinden, sind einer Verbesserung fähig, die man nicht leicht bestimmen kann, die aber eine grofse Zunahme der Erträgnisse in Aussicht stellt. Es ist sogar eine Möglichkeit (aber das will ich nicht bestimmt behaupten), dafs infolge der Ausdehnung jener grofsen Verbesserungen und jener grofsen Ersparung und zweckmäfsigen Verwendung der Arbeit, worüber wir so verständige Berichte aus Schottland besitzen [1],

---

[1] Sir John Sinclair's „Nachricht von der schottischen Landwirtschaft" und „Allgemeiner Bericht über Schottland".

der Sachpreis des Getreides[1] sich vermindert. Wenn diese Lehmböden durch Drainage und die reichliche Anwendung von Kalk und andern Düngemitteln so weit in ihrer Beschaffenheit verbessert werden könnten, dafs sie sich mit zwei Pferden unter einem einzigen Manne statt mit drei oder vier Pferden unter einem Manne und einem Knaben bearbeiten liefsen, — was für eine gewaltige Ersparung von Arbeit und Kosten würde da plötzlich bewirkt, während zugleich die Ernten sich wunderbar vergröfserten! Und ein solcher Fortschritt kann nach dem, was thatsächlich in bestimmten Bezirken geleistet worden ist, vernünftigerweise erwartet werden. Kurz, wenn nur die besten Methoden des Anbaues, die jetzt in einzelnen Teilen Grofsbritanniens gebräuchlich sind, sich allgemein verbreiteten und das ganze Land durch eine weitere Vermehrung und gleichmäfsigere Verteilung von Kapital und Geschicklichkeit nach Verhältnis der natürlichen Vorzüge des Bodens und der Lage auf die nämliche Stufe der Bewirtschaftung gebracht würde, so liefse sich eine unermefsliche Menge neuer Bodenerzeugnisse gewinnen und der Unterhalt sogar noch für eine sehr stark gewachsene Volkszahl beschaffen.

In einigen Ländern, die nur ein kleines Gebiet besitzen und vielleicht hauptsächlich aus einer grofsen Stadt oder zwei solchen bestehen, kann nie die Frage aufgeworfen werden, ob ausländisches Getreide frei eingehen soll. Ihr Bestand beruht auf dieser Einfuhr, und da sie der Volkszahl nach immer unbedeutend bleiben, so können sie im allgemeinen sich auf eine ziemlich regelmäfsige Zufuhr verlassen. Aber auch wenn das nicht der Fall wäre, sie haben keine Wahl. Die Natur hat es deutlich ausgesprochen, dafs, wenn sie an Reichtum und Macht einigermafsen zunehmen,

---

[1] Unter dem sachlichen Produktionspreise von Getreide verstehe ich die thatsächliche Menge Arbeit und Kapital, die angewendet wurde, um die letzten Zusätze zum Erzeugnis des Landes hervorzubringen. In jedem reichen und fortschreitenden Lande ist naturgemäfs eine starke Tendenz vorhanden, dafs die Bodenerzeugnisse infolge der Notwendigkeit, allmählich Boden von geringerer Beschaffenheit zu verwenden, stetig teurer werden. Aber diese Tendenz kann teilweise durch grofse Verbesserungen in der Art des Anbaues und durch Ersparung von Arbeit ausgeglichen werden. Vgl. die eben erschienene „Untersuchung des Wesens und der Entwickelung der Bodenrente", wo dieser Gegenstand behandelt wird.

das nur geschehen kann, indem sie von den Bodenerzeugnissen andrer Länder leben.

Es ist ganz augenscheinlich, dafs Grofsbritannien und Irland nicht vor ein solches Dilemma gestellt sind, und dafs das Vereinigte Königreich ausreichende Mittel hat, um einen langen Zeitraum hindurch an Reichtum, Bevölkerung und Macht zuzunehmen, ohne in regelmäfsigen Zeiten für den Unterhalt seiner Bewohner von fremden Zufuhren abhängig zu sein.

Da wir also offenbar zwischen zwei Systemen der Gesetzgebung die Wahl haben, von denen jedes eine fortschreitende Zunahme der Bevölkerung und der Macht gestattet, so bleibt zu erwägen, auf welchem Wege die gröfste Menge Reichtum und Glück der stärksten Volksmasse dauernd gesichert werden kann.

1. Zuerst wollen wir auf die arbeitende Klasse der Gesellschaft sehen als auf die Grundlage, worauf der ganze Bau ruht, und die überdies wegen ihrer Zahl unzweifelhaft bei jeder Schätzung von Volksglück das gröfste Gewicht hat.

Wenn ich überzeugt wäre, dafs die Aufschliefsung unsrer Häfen die Lage der arbeitenden Klasse der Gesellschaft dauernd verbessern würde, so wäre nach meiner Auffassung die Frage sofort zu gunsten einer solchen Mafsregel entschieden. Aber ich gestehe, nach der sorgfältigsten Aufmerksamkeit, die ich dem Gegenstande gewidmet habe, ergiebt sich mir, dafs sie von Folgen begleitet wäre, die sich von einer Verbesserung sehr unterscheiden würden. Wir sind sehr geneigt, uns durch Worte täuschen und durch den Begriff Billigkeit einnehmen zu lassen, ohne dafs wir überlegen, wie der Begriff doch nur ein relativer ist, und ein Volk sehr wohl schrecklich arm, zum Teil am Verhungern sein kann, obgleich der Geldpreis des Getreides in dem betreffenden Lande sehr niedrig ist. Die Geschichte der europäischen und asiatischen Völker giebt davon hinlänglich Beispiele.

Wenn wir die Lage der untern Klassen der Gesellschaft betrachten, dürfen wir nur den sachlichen Tauschwert der Arbeit ins Auge fassen, d. h. ihre Fähigkeit, die notwendigen, nützlichen und überflüssigen Lebensbedürfnisse zu verschaffen.

Ich habe in den „Bemerkungen" und ausführlicher in der „Untersuchung über Renten"[1] gezeigt, dafs bei der nämlichen Nachfrage nach Arbeit und bei der nämlichen Kaufkraft gegenüber den Unterhaltsmitteln, die sie dadurch hat, ein hoher Geldpreis des Getreides dem Arbeiter einen sehr grofsen Vorteil beim Ankauf von nützlichen und überflüssigen Lebensbedürfnissen verschafft. Die Wirkung dieses hohen Geldpreises würde natürlich bei den allerärmsten in der Gesellschaft und bei denen, welche die gröfste Kinderzahl haben, nicht so stark sein, weil ein so grofser Teil ihres Einkommens für die unbedingt notwendigen Gegenstände verwendet werden mufs. Aber für alle, die über den allerärmsten stehen, wäre ein Lohn, der sich aus einem Weizenpreis von 80 Schilling statt von 50 bis 60 Schilling per Quarter ergiebt, beim Kauf von Thee, Zucker, Baumwollwaren, Leinwand, Seife, Lichtern und vielen andern Dingen von so grofsem Vorteil, dafs ihre Lage sich entschieden verbessern würde.

Nichts könnte den gleichen Vorteil gewähren aufser einer gesteigerten Nachfrage nach Arbeit, — und dafs infolge der Öffnung unsrer Häfen eine solche vermehrte Nachfrage einträte, ist im günstigsten Falle zweifelhaft. Die Schwierigkeiten, die der Anbau findet, haben sich so plötzlich und so stark gezeigt, dafs schon eine grofse Zahl von Landarbeitern ihre Beschäftigung verloren haben[2], und in Irland ist diese Erscheinung in solchem Umfange eingetreten, dafs die schmerzlichsten und sogar die beunruhigendsten Folgen zu fürchten sind. In einigen Bezirken haben die Pächter das wenige Kapital, das sie besafsen, ganz eingebüfst, und aufser Stande, auf den Gütern zu bleiben, haben sie sich von da entfernt und ihre Arbeiter ohne Mittel der Beschäftigung zurückgelassen. In einem Lande, dessen eigentümliche Mifsstände ohnehin ein Mangel

---

[1] „Untersuchung des Wesens und der Entwickelung der Bodenrente und der Gesetze, wovon sie bestimmt wird."

[2] Ich war nicht vorbereitet, wie ich in den „Bemerkungen" andeutete, dafs ein so plötzlicher Rückgang im Arbeitslohn eintreten würde, wie schon jetzt der Fall gewesen ist. Dieser Rückgang ist nicht so sehr durch den niedrigen Getreidepreis bewirkt als durch den plötzlichen Stillstand der Beschäftigung in der Landwirtschaft, der durch eine raschere Einschränkung des Anbaues, als ich vorhersah, hervorgerufen ist.

an Kapital und ein Überfluſs an Bevölkerung waren, muſs eine Verminderung der Mittel, um Arbeiter zu beschäftigen, keinen unbedeutenden Notstand bewirken. In Irland jedenfalls sind keine industriellen Kapitalien vorhanden, um diejenigen, die in solcher Weise beschäftigungslos werden, aufzunehmen, und selbst in Groſsbritannien wird der Übergang langsam und schwierig sein*).

Unser Handel und unsre Industrie müssen daher sehr stark wachsen, ehe sie nur die eingebüſste Nachfrage nach Arbeit wieder ersetzen können, und wenn dazu sogar noch eine kleine Vermehrung käme, so würde dadurch der Nachteil eines niedern Geldpreises der Arbeit kaum ausgeglichen werden.

Der Geldlohn wird in letzter Linie durch den gewöhnlichen Geldpreis des Getreides und durch den Stand der Nachfrage nach Arbeit bestimmt.

Es besteht ein Unterschied zwischen dem, was man den gewöhnlichen Getreidepreis nennen kann, und dem durchschnittlichen Preise, und auf diesen Unterschied ist man noch nicht genug aufmerksam gewesen. Nehmen wir an, der gewöhnliche Getreidepreis in vier unter fünf Jahren sei etwa 2 $\pounds$ das Quarter und im fünften Jahre 6 $\pounds$, dann ist der Durchschnittspreis der fünf Jahre 2 $\pounds$ 16 sh.; aber der gewöhnliche Preis bleibt dann doch etwa 2 $\pounds$, und nach diesem Preise, nicht aber nach dem Preise in Teuerungsjahren, auch nicht nach dem Durchschnittspreise mit Einschluſs der Teuerungsjahre, richten sich im allgemeinen die Löhne.

Wenn die Häfen erschlossen würden, so fiele sicherlich der gewöhnliche Preis und wahrscheinlich der Durchschnittspreis; aber aus den Bemerkungen über die in Frankreich geltenden Gesetze und über die Gewohnheit der Ostseeländer, ihren Ausfuhrzoll auf Getreide zu erhöhen, wenn die Nachfrage zunimmt, ergiebt sich die sehr wahrscheinliche Annahme, daſs die Preisschwankungen viel stärker würden. Theoretische Erwägungen wenigstens würden mich zu dieser Schluſsfolgerung führen, und ich meine, sie ist durch die Erfahrung der letzten hundert Jahre bestätigt worden. In diesem Zeitraume waren die Periode unsrer stärksten Einfuhr und unsrer stärksten Abhängigkeit von fremdem Getreide die Jahre von 1792 bis einschlieſslich 1805, und sicherlich in keinen vierzehn Jahren unter den hundert

waren die Preisschwankungen so stark. 1792 war der
Preis 42 Schilling das Quarter, 1796 77, 1801 118, 1803
56 Schilling. Zwischen 1792 und 1801 fand eine Steigerung fast auf das Dreifache statt, und in der kurzen Zeit
von 1798 bis 1803 ein Steigen von 50 auf 118 und dann
wieder ein Fallen auf 56 [1].

Ich würde diese Erfahrung wegen der Zufälligkeiten,
die sich jeder solchen Anrufung von Thatsachen beimischen,
nicht für unbedingt beweiskräftig erklären; aber sie trägt
sicherlich dazu bei, jene grofsen Schwankungen noch wahrscheinlicher zu machen, die ich auf Grund aller wissenschaftlichen Gesetze nach den Gesinnungen und Gewohnheiten der Nationen hinsichtlich der Getreideausfuhr in
Mifsjahren voraussehe und an die ich namentlich wegen des
geltenden Rechts in demjenigen Lande, das unter gewöhnlichen Umständen uns immer einen grofsen Teil des Bedarfs liefern wird, glauben mufs.

Zu diesen Ursachen zeitweiser Preisschwankung im
Frieden kommen die bald länger dauernden, bald vorübergehenden Schwankungen, die ein Krieg bewirkt. Ohne
darauf hinweisen zu wollen, welche Gefahr eines aufserordentlichen Getreidemangels durch eine abermalige gegen
uns gerichtete Allianz entstehen könnte, so lehrt die Erfahrung der Gegenwart, dafs, wenn wir nur in längeren
Zwischenräumen gezwungen werden, zeitweise aus unsern
eigenen Mitteln zu schöpfen, die Erschütterung, die den

---

[1] Ich bin sehr geneigt, anzunehmen, dafs die Völker deshalb in
so geringem Grade, wie wir es thatsächlich beobachten, hinsichtlich
ihrer Getreideversorgung von einander abhängig sind, weil die Regierungen, wenn Mifswachs eintritt, so wenig bereit sind, die freie
Getreideausfuhr zu gestatten. Nach den allgemeinen wirtschaftlichen
Gesetzen müfsten sie mehr von einander abhängig sein. Aber die
grofsen Schwankungen des Getreidepreises, die durch diese von den
Regierungen gemachten Schwierigkeiten sich ergeben, haben die
Wirkung, jedes Land wieder auf seine eigenen Hilfsquellen hinzuweisen. Das war bei uns in bemerkenswerter Weise in den Jahren
1800 und 1801 der Fall, wo der ungewöhnlich hohe Preis, den wir
für ausländisches Getreide zahlten, unsrer eigenen Landwirtschaft
einen wunderbaren Ansporn gab. Ein Land von grofser Ausdehnung,
das fremdes Getreide einführt, ist nicht selten den Schwankungen
ausgesetzt, die aus dieser Art veränderlicher Abhängigkeit folgen,
ohne den niedrigen Preis zu geniefsen, der einen wirklich freien
Getreidehandel begleiten müfste.

Umschwung begleitet, und der Nachteil der Preisveränderungen nicht leicht zu nehmen sind.

In den „Bemerkungen" erwähnte ich einige Ursachen der Preisschwankungen, die sich aus dem System der Einfuhrbeschränkung ergeben würden; aber ich halte sie für unbedeutend im Vergleich mit denjenigen, auf die ich hier hingewiesen habe.

Für die arbeitenden Klassen würde daher die Wirkung einer Erschliefsung unsrer Häfen, um fremdes Getreide frei einführen zu lassen, darin bestehen, dafs ihr Lohn stark zurückgeht und dafs sie gröfseren Preisschwankungen ausgesetzt sind. Unter diesen Umständen wäre eine viel stärkere Zunahme der Nachfrage nach Arbeit, als vernünftigerweise zu erwarten steht, erforderlich, um dem Arbeiter einen Ersatz zu bieten für die Vorteile des hohen Geldlohnes und des stetigeren, weniger schwankenden Getreidepreises, die er verliert.

2. Von der nächstwichtigen Klasse der Gesellschaft, nämlich denjenigen, die vom Kapitalgewinn leben, besteht wohl die Hälfte aus Pächtern oder solchen, die mit Pächtern eng verbunden sind. Von dem Vermögen der übrigen Hälfte ist nicht mehr als der vierte Teil dem auswärtigen Handel gewidmet.

Hinsichtlich der Pächter braucht man nichts zu bemerken. Es ist aufser Zweifel, dafs sie bei einer Erschliefsung unsrer Häfen schwer leiden werden. Nicht dafs der Kapitalgewinn, der vom Pächter erzielt wird, nicht nach einiger Zeit wieder sich herstellt und so hoch oder vielleicht noch höher sein wird als vorher; aber das wird erst stattfinden, nachdem zuvor viel Kapital in der Landwirtschaft verloren worden oder daraus weg- und dem Handel und der Industrie zugeführt worden ist.

Von dem mit Handel und Industrie beschäftigten Teile der Gesellschaft werden nur diejenigen, die geradezu den auswärtigen Handel pflegen, den Vorteil eines Systems der Getreideeinfuhr empfinden. Es steht natürlich zu erwarten, dafs der auswärtige Handel des Landes erheblich zunehmen wird. Ist das nicht der Fall, dann allerdings haben wir einen sehr schweren Verlust erlitten, ohne auch nur in irgend einer Weise eine Entschädigung dafür zu bekommen. Und wenn diese Zunahme der Verminderung des in der Landwirtschaft gewonnenen Erzeugnisses gerade nur gleichkommt, während die ganze übrige Produktion unverändert bleibt, so ist deutlich, dafs das Land durch den Tausch nichts gewinnt, zu welchem Preise auch seine Käufe und Verkäufe geschehen mögen. Der Reichtum besteht nicht in der Billigkeit oder dem hohen Preise des üblichen Wertmafsstabes, sondern in der Menge des Erzeugnisses, und damit die Menge des Erzeugnisses nach der starken Einschränkung, welche die Landwirtschaft erfährt, sich wirklich vermehre, ist es notwendig, dafs der Handel einen gewaltigen Fortschritt macht.

Beim gegenwärtigen Zustande Europas und der gegen unsre Industrie herrschenden Eifersucht erscheint ein solcher Fortschritt recht zweifelhaft, und es ist durchaus nicht unmöglich, dafs wir für das fremde Getreide, das uns zukommt, dadurch bezahlen müssen, indem wir weniger andre Waren einführen können und mehr von unsern Industrieerzeugnissen ausführen müssen.

Man wird vielleicht sagen, dafs ein Rückgang im Preise unsres Getreides und unsrer Arbeit unsrer Industrie die einzige Aussicht eröffnet, dafs sie sich auf den fremden Märkten behaupten kann. Wenn sich das Erzeugnis des Landes durch den Rückgang des Getreidepreises auch nicht vermehre, so sei dieser Rückgang notwendig, um eine direkte Verminderung zu verhüten. Diese Betrachtung ist gewifs nicht ohne Gewicht. Aber wenn wir die wahrscheinlichen Folgen der Wiederherstellung des Friedens in Europa erwägen, so ist zweifellos anzunehmen, dafs selbst bei einem erheblichen Rückgang des Arbeitslohnes wir in denjenigen Industriezweigen, worin wir keine besondern Vorteile besitzen, einzelne Märkte auf dem Kontinent verlieren werden. Andrerseits haben wir allen Grund zu vertrauen, dafs in andern Industrieen, wo unsre Kolonieen, unsre Rhederei, unsre lange Kreditgewährung, unsre Kohlen, unsre Bergwerke, sowie auch unsre Arbeitsgeschicklichkeit und unser Kapital in Frage kommen, wir trotz hoher Löhne unsern Absatz behaupten werden. Unter diesen Umständen erscheint es besonders rätlich, wenn möglich den inländischen Markt ungeschwächt zu erhalten und nicht diejenige Nachfrage zu verlieren, die durch jene Bodenrenten, jene Pächtergewinne und jene Pächterkapitalien bewirkt wird, die bei einer Einschränkung unsrer inländischen Ernten notwendigerweise zerstört würden.

Aber wie auch das Land durch die Veränderung beeinflufst werden mag, das müssen wir voraussetzen, dafs diejenigen, die direkt mit dem auswärtigen Handel sich befassen, Vorteil durch sie hätten. Da aber diese Personen der Zahl nach nur einen sehr kleinen Teil derjenigen ausmachen, die vom Kapitalgewinn leben und wahrscheinlich nicht mehr als den siebenten oder achten Teil des Vermögens der betreffenden Gesellschaftsklasse besitzen, so kann man ihren Interessen nicht das Übergewicht über die Interessen einer so starken Mehrheit einräumen.

Was aber diese grofse Mehrheit betrifft, so mufs sie notwendig empfindlich und in starkem Umfange die Verminderung des Geldwertes ihrer Kapitalien durch den Preisrückgang fühlen. Wir kennen die magische Wirkung, die eine Preiserhöhung auf die wirtschaftliche Thätigkeit ausübt. Sie ist von Hume hervorgehoben[1]) und von jedem bemerkt worden, der solchen Fragen seine Aufmerksamkeit gewidmet hat. Die Wirkung eines Preisrückgangs ist eine entsprechende Entmutigung. Selbst der auswärtige Handel wird unter diesem Einflusse leiden, wenn auch hier eine thatsächliche Zunahme der Nachfrage ein Gegengewicht bildet. Aber im innern Handel wird man nicht allein die volle Wirkung dieses toten Gewichtes fühlen, sondern es ist sogar zu fürchten, dafs sich damit eine thatsächliche Verminderung der inländischen Nachfrage verbindet. Es ist möglich, dafs dieselbe oder selbst eine gröfsere Menge Getreide im Lande verzehrt wird, aber eine kleinere Menge industrieller und kolonialer Erzeugnisse, und unser auswärtiges Getreide wird vielleicht teilweise mit solchen Waren gekauft, die vorher im Inlande verzehrt wurden. In diesem Falle mufs der ganze innere Handel schwer leiden, und der Reichtum und die Genüsse des Landes müssen stark abnehmen. Die Gröfse der Ausfuhr eines Landes ist ein sehr unsicheres Kennzeichen seines Reichtums. Die Menge der Erzeugnisse, die regelmäfsig im Inlande verbraucht wird, bildet vielleicht das sicherste Kennzeichen des Reichtums, auf das wir hinweisen können.

Schon hat man in allen Landstädten diese verminderte Nachfrage in sehr starkem Mafse empfunden, und die ringsumwohnenden Pächter, durch die jene Städte ihren hauptsächlichen Unterhalt finden, sind ganz aufser Stande, ihre gewohnten Einkäufe zu machen. Wenn die inländischen

Ernten durch die Erschliefsung unsrer Häfen erheblich abnehmen, wie das zweifellos geschehen mufs, so werden diese Wirkungen in den ackerbauenden Distrikten dauernd, wenn auch nicht in demselben Umfange wie jetzt. Und wenn auch zuletzt die Industrieplätze sich in dem Verhältnis, wie das Land Verluste erleidet, vergröfsern sollten, was man guten Grund hat zu bezweifeln, so wäre doch die Verschiebung des Reichtums und der Bevölkerung langsam, schmerzlich und dem Wohlbefinden ungünstig.

3. Von der Klasse der Grundbesitzer kann man in Wahrheit sagen, dafs, wenn sie auch nicht so thätig wie die bisher betrachteten Stände an der Erzeugung des Reichtums mitwirken, es doch keine Gesellschaftsklasse giebt, deren Interessen näher und inniger mit dem Gedeihen des Staates verknüpft sind.

Einige Schriftsteller und unter ihnen selbst Adam Smith waren der Ansicht, dafs die Erhöhung oder Verminderung des Getreidepreises der Sache nach die Interessen der Grundeigentümer nicht berühre. Aber die Theorie wie die Erfahrung beweisen das Gegenteil und lehren, dafs unter allen gewöhnlichen Verhältnissen ein Preisrückgang eine Verminderung der Ernten zur Folge hat, und eine Verminderung der Ernten naturgemäfs eine Verminderung der Rente[1].

Es kann daher kein Zweifel bestehen, dafs die Erschliefsung der Häfen die Renten der Grundeigentümer, mögen sie nun in Geld oder in Waren geschätzt werden, vermindert, und wir dürfen uns nicht einreden, das Interesse von Leuten in der Lage der Grundbesitzer könne empfindlich leiden, ohne dafs die Interessen des Staates dadurch berührt würden.

Adam Smith hat mit Recht bemerkt, dafs eine gegebene Menge produktiver Arbeit bei ihrer Anwendung in der Industrie niemals eine so grofse Werterzeugung veranlafst, als wenn sie im Ackerbau beschäftigt wird¹). Wenn wir annehmen, dafs durchschnittlich im Königreiche die Bodenrenten ein Viertel des Rohertrages ausmachen, so ist klar, dafs man, um den gleichen Wert Bodenprodukte mit

---

[1] Siehe über diesen Gegenstand die „Untersuchung des Wesens und der Entwickelung der Bodenrente".

Industrieerzeugnissen zu kaufen, ein Drittel mehr Kapital braucht. Jede 5000 £. die auf den Boden verwendet werden, bezahlen nicht blofs den gewöhnlichen Kapitalgewinn, sondern erzeugen einen zusätzlichen Wert, der an den Grundeigentümer fällt. Und dieser zusätzliche Wert ist nicht blofs ein Vorteil für einen einzelnen oder eine Gruppe von einzelnen, sondern bildet die festeste inländische Nachfrage für die Industrieerzeugnisse des Landes, die ergiebigste Quelle für seine finanzielle Versorgung und die gröfste verfügbare Kraft für Heer und Flotte. Allerdings, wenn ein Land seinen Anbau verbessert, so werfen die letzten Zusätze zur landwirtschaftlichen Produktion verhältnismäfsig wenig Rente ab[1], und eben dieser Umstand macht es in einem reichen Lande empfehlenswert, einen Teil des Getreides einzuführen, wenn man sicher sein kann, eine angemessene Zufuhr zu erlangen. Unter allen Umständen aber ist vom Standpunkte des ganzen Volkes aus die Einfuhr fremden Getreides unvorteilhaft, wenn dieses nicht so viel billiger als das im Inlande erzeugte ist, dafs der Unterschied sowohl den Kapitalgewinn als die Rente des Getreides, an dessen Stelle das fremde tritt, erreicht.

Wenn von zwei Kapitalien von je 10000 £ das eine in der Industrie, das andre zur Verstärkung des Anbaues der Felder mit dem üblichen Gewinnsatz Verwendung finden und beide nach zwanzig Jahren zurückgezogen werden, so hinterläfst das in der Industrie verwendete nichts, während dasjenige, das dem Anbau gewidmet war, wahrscheinlich eine nicht unbedeutende Rente zurückläfst.

Wenn diese Betrachtungen, die man nicht oft anstellt, bei der gewöhnlichen Frage nach der Freigebung des Getreidehandels auch keine Bedeutung haben, so wird man wenigstens zugeben, dafs ihnen dann Gewicht beizulegen ist, wenn durch die besondern Verhältnisse und Umstände die Zweckmäfsigkeit dieser Freigebung ohnehin schon zweifelhaft geworden ist.

4. Wir kommen jetzt zu einer Klasse der Gesellschaft, die unfraglich von einer Erschliefsung unsrer Häfen Vorteil hat. Das sind die Effektenbesitzer und diejenigen,

---

[1] „Untersuchung des Wesens und der Entwickelung der Bodenrente".

die von festen Gehältern leben[1]. Sie sind jedoch nicht nur von geringer Zahl im Vergleich mit denen, die im entgegengesetzten Sinne betroffen werden, sondern ihre Interessen sind auch nicht so eng verbunden mit der Wohlfahrt des Staates wie diejenigen der zuvor betrachteten Klassen, besonders die der arbeitenden Klassen und der Grundeigentümer.

In den „Bemerkungen" führte ich aus, es sei „ein grofser und ernstlicher Irrtum, wenn man annehmen wollte, dafs irgendwelche natürlichen oder künstlichen Ursachen, die den Wert des Getreides oder Silbers erhöhen oder erniedrigen, als gleichgültige Erscheinungen behandelt werden dürfen; vielmehr könnte keine erhebliche Veränderung im Werte dieser beiden Güterarten stattfinden, ohne sowohl vorübergehende als bleibende Wirkungen hervorzubringen, die einen sehr bedeutenden Einflufs auf die Vermögensverteilung ausüben"[1]).

In Wirklichkeit kann man ganz unmöglich annehmen, dafs bei einer solchen Veränderung des Wertmafsstabes, wie sie jemals vorgekommen ist oder thatsächlich jemals vorkommen kann, alle Waren, sowohl die ausländischen als die einheimischen, und alle Einkünfte, aus welcher Quelle sie auch fliefsen mögen, genau wieder in dieselben Beziehungen sich setzen werden wie vorher. Wenn sie sich aber nicht ins Gleichgewicht setzen, so ist klar, dafs die Veränderung die schärfsten Verschiebungen hinsichtlich der Kaufkraft und des Reichtums der einzelnen und der aus den einzelnen gebildeten Gruppen bewirken kann. Manchmal sind solche Veränderungen, wie sie thatsächlich erfolgen. den erwerbsthätigen Klassen günstig und manchmal nachteilig.

Man kann kaum zweifeln, dafs eine der Hauptursachen, wodurch es uns bisher möglich geworden ist, die furchtbare Last der Staatsschuld, die in den letzten zwanzig Jahren sich angehäuft hat, fast ohne Verminderung unsres Vermögensbestandes zu tragen, in der stetigen Entwertung des Umlaufmittels, worin jene Staatsschuld ausgedrückt war,

---

[1] Zu dieser Klasse von Personen betrachte ich mich selbst als in der Hauptsache gehörig. Den bei weitem gröfsten Teil meines Einkommens beziehe ich aus einer festen Besoldung und aus dem Zins von Staatspapieren.

und in dem grofsen Ansporn zur Thätigkeit und der Sparkraft, welche die erwerbsthätigen Klassen aus dem fortwährenden Steigen der Preise zogen, bestanden hat. Soweit diese Wirkung infolge der übermäfsigen Ausgabe von Papiergeld eintrat, ist den Effektenbesitzern in ungerechter Weise begegnet worden, haben die erwerbsthätigen Klassen einen unbilligen Vorteil auf ihre Kosten zugewendet erhalten. Wenn aber auf der andern Seite jetzt der Getreidepreis auf 50 Schill. das Quarter fiele und die Arbeit und die andern Waren ungefähr in demselben Verhältnis, so würde ohne Zweifel der Effektenbesitzer auf Kosten der erwerbsthätigen Klassen und folglich auf Kosten des Reichtums und der Wohlfahrt des ganzen Landes einen unbilligen Vorteil erhalten.

In den zwanzig Jahren von 1794 bis 1813 war der Durchschnittspreis des britischen Getreides etwa 83 Schill., in den zehn Jahren, von denen 1813 das letzte war, 92 Schill. und in den fünf letzten unter den zwanzig Jahren 108 Schill. Im Laufe dieser zwanzig Jahre entlieh die Regierung nahezu 500 Millionen wirkliches Kapital und verpflichtete sich nach einem oberflächlichen Durchschnitt, abgesehen von der Amortisation, etwa 5 % dafür zu zahlen. Fiele aber das Getreide auf 50 Schill. das Quarter und die andern Waren in demselben Verhältnis, so würde die Regierung statt etwa 5 % thatsächlich 7, 8, 9 und für die letzten 200 Millionen 10 % zahlen.

Ich würde gegenüber dieser aufserordentlichen Freigebigkeit, welche die Effektenbesitzer erführen, keine Einwendungen machen wollen, wenn man nicht erwägen müfste, wer dafür zu zahlen hat, und die kürzeste Überlegung mufs zu der Überzeugung führen, dafs niemand andres dafür zahlt als die erwerbsthätigen Klassen und die Grundeigentümer, nämlich alle diejenigen, deren Geldeinkommen sich entsprechend den Schwankungen des Wertmafsstabes ändert. Die Geldeinkünfte dieses Teiles der Gesellschaft werden sich im Vergleich mit dem Durchschnitt der letzten fünf Jahre um die Hälfte vermindern, und von diesem in seinem Geldbetrage verminderten Einkommen werden sie den früheren Geldbetrag an Steuern zu zahlen haben.

Zinsen und Lasten der Staatsschuld einschliefslich der Tilgung betragen jetzt jährlich nicht viel weniger als 40 Millionen, und diese 40 Millionen sind, wenn uns die

Verminderung des Preises von Getreide und Arbeit vollständig gelingt, künftighin aus einem Einkommen von etwa dem halben Geldbetrage des Volkseinkommens vom Jahre 1813 zu bestreiten*).

Wenn wir erwägen, wie die Steuern auf Thee, Zucker, Malz, Leder, Seife, Kerzen u. s. w. u. s. w. mit vermehrtem Drucke auf den arbeitenden Klassen lasten würden und welchen Bruchteil ihrer Einkünfte alle die thätigen gewerbfleifsigen Personen des Mittelstandes sowie die höhern Gesellschaftsklassen an direkten Verbrauchssteuern und für die verschiedenen zoll- und accisepflichtigen Waren zahlen müfsten, so wird der Druck sich als unbedingt unerträglich ergeben. Auch die nach dem besteuerten Besitze angelegten Abgaben würden keine Erleichterung verschaffen. Denn die 40 Millionen müssen unter allen Umständen bezahlt werden, und wenn einzelne Steuern sich vermindern, so müssen neue einträglichere aufgelegt werden.

Diese Betrachtungen sind geeignet, die Effektenbesitzer selbst zu beunruhigen. In der That, wenn das den Wertmafsstab bildende Getreide, wie wir angenommen haben, der Kaufkraft nach fiele, so ist guter Grund für die Befürchtung, dafs das Land vollkommen aufser Stande sein wird, die jetzigen Zinsen für die Staatsschuld weiter zu zahlen.

Natürlich glaube ich nicht, dafs durch die Erschliefsung unsrer Häfen und eine freie Zulassung des auswärtigen Getreides wir den Getreidepreis auf 50 Schill. per Quarter ermäfsigen können. Ich habe schon angegeben, was mich zu dem Glauben bewegt, dafs die Schwankungen, die beim gegenwärtigen Zustande Europas der entwickelte internationale Getreidehandel hervorrufen mufs, oft Teuerungsjahre erzeugen und uns dann wieder auf die eignen Hilfsquellen beschränken würden. Aber darum ist doch kein Zweifel, dafs das ungehinderte Einströmen fremden Getreides in allen Jahren von gewöhnlicher Fruchtbarkeit den Getreidepreis erheblich erniedrigen würde.

Nehmen wir an, er sinke auf 60 Schill. per Quarter, und das ist für den Durchschnitt von drei oder vier Jahren nicht unwahrscheinlich. Der Unterschied zwischen einem Wertmafs zu 60 und einem solchen zu 80 (das letztere ist der Preis, bei welchem vorgeschlagen wird die Einfuhr beginnen zu lassen) beträgt 33¹/₃ %. Dieser Prozentsatz, auf 40 Millionen gerechnet, macht eine furchtbar grofse Summe aus. Aber nehmen wir selbst an, dafs der Getreidepreis den Preis der andern Waren nicht vollständig bestimmt, und setzen wir mit Rücksicht auf diesen Umstand nur 25 oder selbst 20% an. 20% von 40 Millionen macht schon 8 Millionen, eine Summe, mit der sich ein grofser Teil der Staatsausgaben im Frieden bestreiten liefse, die aber jetzt für den zusätzlichen Zins der Staatsschuld herhalten mufs, der durch die Veränderung im Wertmafsstab erforderlich ist. Wenn selbst der Getreidepreis durch Einfuhrbeschränkungen auf der Höhe von 80 Schill. gehalten wird, so ist gewifs, dafs die während des jetzt beendigten Krieges aufgenommenen Schulden im Durchschnitt einen viel höhern Zinsfufs kosten werden als denjenigen, wozu man sich ursprünglich verpflichtete, und diese Vergröfserung des Zinses kann natürlich nur von den erwerbsthätigen Klassen aufgebracht werden.

Ich mufs gestehen, dafs ich die unvermeidliche Wirkung, die eine Veränderung im Wertmafsstabe auf den von einer grofsen Staatsschuld ausgehenden Druck hervorbringt, allein schon für hinreichend halte, die uns beschäftigende Frage zu einer ganz andern zu machen als der Frage nach Freihandel oder Zollschutz. Die Frage unter diesem letztern Gesichtspunkte zu betrachten und darnach praktische Schlufsfolgerungen aufzustellen, hiefse erwarten, dafs der Schlufssatz derselbe bleibt, wenn die Vordersätze sich vollständig umgestaltet haben.

Aus dieser Übersicht über die Art, wie die verschiedenen Gesellschaftsklassen durch die Erschliefsung unsrer Häfen getroffen werden, ergiebt sich nach meiner Ansicht deutlich, dafs der bei weitem gröfste Teil des Volkes und besonders der erwerbsthätigen Klassen durch eine solche Mafsnahme mehr Schaden als Vorteil hat.

Ich habe jetzt die Gründe angegeben, weshalb es mir in der gegenwärtigen Lage des Landes weise und staatsmännisch erscheint, der freien Einfuhr fremden Getreides Beschränkungen aufzuerlegen.

Um dem fortwährenden Verlust landwirtschaftlichen Kapitals, der jetzt stattfindet, und den man nicht leicht wieder gutmachen kann, einen gewissen Einhalt zu thun, ist es vielleicht zweckmäfsig, eine vorübergehende

Einfuhrbeschränkung eintreten zu lassen, welche Mafsnahmen man auch künftighin zu treffen die Absicht haben mag. Aber sicherlich ist sehr zu wünschen, dafs die bleibenden Grundsätze, die man hinsichtlich des Getreidehandels annehmen will, so rasch, als unbeschadet einer gründlichen Überlegung möglich ist, festgestellt werden. Schon hat im Verlaufe von etwas mehr als einem Jahrhundert ein dreimaliger entschiedener Umschwung in diesen Grundsätzen stattgefunden. Das Gesetz Wilhelms III., das die Ausfuhrprämie gewährte, indem es zu demjenigen Karls II. hinzutrat, das die Einfuhr verbot, beruht deutlich und in stärkstem Mafse auf dem Gedanken, die Ausfuhr zu unterstützen, die Einfuhr zu verhindern. Der Geist der Vorschriften, die im Jahre 1772 in Kraft traten und wonach man schon einige Zeit vorher verfahren war, zeigte beinahe den entgegengesetzten Charakter, indem sie die Einfuhr beförderten, die Ausfuhr erschwerten. Später, wie wenn man durch die Abhängigkeit des Landes von fremdem Getreide und die Preisschwankungen, die auf diese Weise eingetreten waren, sich beunruhigt gefühlt hätte, kehrte der Staat in einem unwirksamen Gesetze vom Jahre 1791 und einem kräftigeren vom Jahre 1804 wieder zu den Einfuhrbeschränkungen zurück. Wenn aber jetzt das Gesetz von 1804 unverändert gelassen wird, so kann man mit Grund sagen, dafs ein vierter Umschwung eingetreten ist. Denn das ist ganz sicher, wenn man bei dem System der Einfuhrbeschränkung beharren will, so müssen infolge des fortgesetzten Rückgangs im Geldwerte neue Vorschriften unbedingt erlassen werden[1]).

Es ist sehr zu wünschen, dafs solche Schwankungen im Grundgedanken der erlassenen Gesetze vermieden werden, und im Interesse einer für die Zukunft zu erstrebenden gröfsern Stetigkeit ist es notwendig, dafs wir auf die Folgen, die bei einer bestimmten Art von Gesetzgebung eintreten müssen, vorbereitet sind, so dafs, wenn sie sich zeigen, uns dann nicht hinsichtlich der von uns getroffenen Entschliefsungen Bedenken kommen.

Wenn wir nach reiflicher Überlegung uns dafür entscheiden, unsre Häfen zu öffnen und die freie Zufuhr fremden Getreides zu gestatten, so dürfen wir uns beim Rückgang und bei dem verminderten Ertrag unsres heimischen Anbaues nicht beunruhigen lassen. Wir dürfen uns nicht beunruhigen lassen, wenn wir mehr und mehr für die wichtigste Nahrung unsres Volkes von andern Nationen abhängig werden. Wir dürfen uns nicht beunruhigen lassen bei dem stark vermehrten Drucke, den die Staatsschuld auf die Erwerbsthätigkeit des Landes ausübt. Endlich dürfen wir uns nicht beunruhigen lassen durch die Preisschwankungen, die eintreten müssen, weil die Zufuhr aus Frankreich nach der Art seiner gegenwärtigen Gesetzgebung notwendig sehr veränderlich und die bei dringendem Bedarf erforderliche Beschaffung grofser und rascher Sendungen von der Ostsee schwierig und kostspielig ist. Alle diese Wirkungen können deutlich vorhergesehen werden. Nach allen nationalökonomischen Gesetzen gehören sie bei der gegenwärtigen Lage unsres Landes und bei seinen Beziehungen zu den übrigen Staaten Europas zu einer Aufschliefsung unsrer Häfen, und wenn auch möglich ist, dafs sie durch anderweitige Vorteile aufgewogen und mehr als aufgewogen werden, so können sie doch der Natur der Sache nach nicht ausbleiben.

Wenn wir andrerseits nach reiflicher Überlegung uns dafür entscheiden, dauernd Beschränkungen des Getreidehandels festzuhalten, so dürfen wir uns nicht beunruhigen lassen bei einem fortwährenden Steigen des Getreidepreises. Wir dürfen uns nicht beunruhigen lassen, wenn die Notwendigkeit eintritt, von Zeit zu Zeit unsre Gesetze über die Einfuhrbeschränkung nach der Beschaffenheit des Geldwesens und dem Tauschwerte der Edelmetalle zu ändern. Wir dürfen uns nicht beunruhigen lassen bei der fortwährenden Verminderung fester Einkommen. Wir dürfen uns endlich nicht beunruhigen lassen, wenn gelegentlich ein Markt auf dem Kontinent einem unsrer weniger eigenartigen Industriezweige infolge unsres hohen Arbeitslohnes ganz oder teilweise verloren geht[1]. Alle diese Nachteile können mit Bestimmtheit vorhergesehen werden. Nach allen nationalökonomischen Gesetzen gehören sie notwendig zu

---

[1] Es kommt oft vor, dafs die hohen Preise eines bestimmten Landes die Menge seiner Ausfuhren vermindern, ohne ihren Geldwert im Auslande zu vermindern. In einem solchen Falle ist der auswärtige Handel dieses Landes besonders vorteilhaft, da er die gleiche Menge ausländischer Waren mit einem viel geringeren Aufwande von Arbeit und Kapital verschafft.

dem angenommenen wirtschaftspolitischen System, und wenn auch möglich ist, dafs sie durch anderweitige Vorteile aufgewogen und mehr als aufgewogen werden, so können sie doch der Natur der Sache nach nicht ausbleiben, wenn wir weiter an Reichtum und Volkszahl zunehmen. Diejenigen, die bei einer Beschränkung der Einfuhr niedrige Getreidepreise versprechen, haben irrtümliche Ansichten von den Ursachen, die den Preis der Bodenprodukte bestimmen, und ziehen aus den Erfahrungen der ersten Hälfte des vorigen Jahrhunderts falsche Schlüsse. Wie ich an einem andern Orte ausgeführt habe[1], mufs ein Volk, das den übrigen sehr stark im Reichtum voraneilt, ohne für die Getreideerzeugung besondre natürliche Vorzüge zu besitzen, mit Notwendigkeit sich einer dieser Alternativen unterwerfen, entweder im Verhältnis einen sehr hohen Getreidepreis zu haben oder in hohem Mafse hinsichtlich des Getreidebezugs von andern Ländern abhängig zu sein").

Hinsichtlich der genaueren Art, wie für den Fall, dafs die Einfuhrbeschränkung gewählt wird, die betreffenden Bestimmungen festzusetzen sind, kann ich nicht mit vollkommener Sicherheit meine Meinung abgeben, da ich mit den Einzelheiten der Frage nicht genügend vertraut bin. Im allgemeinen scheint darüber Einverständnis zu bestehen, dafs bei dem gegenwärtigen Stand der Dinge ein Preis von etwa 80 Schilling das Quarter[2] verhindern würde, dafs der Anbau zurückgeht, vielleicht sogar gestattet, dafs er zunimmt. Dagegen sollten wir womöglich uns bemühen, dafs wir alle Erörterungen über die Notwendigkeit, den englischen Landwirt zu **beschützen** und ihm einen **zum Leben hinlänglichen Gewinn** zu sichern, künftig unterlassen. Denn ganz gewifs hat die Gesetzgebung damit nichts zu thun, den einzelnen Klassen der Bürger eine bestimmte Höhe des Gewinns aus ihren Beschäftigungen zu sichern. Das ist nicht das Gebiet der Regierungsthätigkeit, und die Ausdrucksweise ist unglücklich, die eine solche

---

[1] „Untersuchung des Wesens und der Entwickelung der Bodenrente."

[2] Dieser Preis verträgt sich, wie es scheint, recht gut mit dem Gesichtspunkte, jenen Teil der hohen Getreidepreise zu beseitigen, der aus der übermäfsigen Ausgabe von Papiergeld folgte, und nur den Teil festzuhalten, der aus hohem Volksreichtum bei einem System der Einfuhrbeschränkung hervorgeht.

Vorstellung hervorruft und das Volk glauben macht, dafs die Staatsgewalt auf ihre Gewinn- und Verlustberechnung horchen müsse.

Dagegen kann eine Regierung hinlängliche Gründe dafür haben, dafs sie eine solche Versorgung mit Getreide wünscht, die vom Auslande unabhängig macht. Das ist ein klares Ziel, kann ein wünschenswertes sein und ist von derselben Art wie die Schiffahrtsgesetze*). Es ist sehr zu wünschen, dafs dieses Ziel und nicht der Vorteil der Pächter und Grundeigentümer bei allen unsern Untersuchungen und Entschliefsungen in Bezug auf den Getreidehandel den in den Vordergrund gestellten wie auch den thatsächlichen Endzweck, den wir verfolgen, bilden möge.

Ich glaube mit Bestimmtheit, dafs in der gegenwärtigen Lage Europas, sowie unter der gegenwärtigen Beschaffenheit unsrer eigenen Verhältnisse für uns die klügste Politik darin besteht, unsern Durchschnittsbedarf an Getreide selbst zu bauen, und ich bin überzeugt, dafs unser Land hinlängliche Hilfsquellen besitzt, um bei diesem Verfahren eines grofsen und dauernden Zuwachses an Volkszahl, Macht, Reichtum und Glück sich zu erfreuen.

Anmerkungen des Herausgebers.

I. „Bemerkungen".

a) (Zu S. 3). Eine annähernd vollständige Bibliographie der englischen Schriften über die Politik des Getreidehandels existiert nicht. Macculloch, The literature of political economy p. 68 ff., nennt nur einige der wichtigsten und berühmtesten. Viel reichhaltiger ist die Zusammenstellung, die Cornelius Walford im Journal of the statistical society vol. 42 p. 247—265 veröffentlicht hat, aber doch weit davon entfernt, erschöpfend zu sein. Immerhin läfst sie schon erkennen, wie im Zusammenhang mit Ereignissen des Lebens oder Mafsnahmen der Gesetzgebung in einzelnen Jahren die Litteratur über die Frage besonders reich wird. So sind aus der Zeit des ersten starken Anziehens der Getreidepreise zwischen 1765 und 1767 elf Darstellungen aufgeführt, dann aus den Jahren 1772 und 1773, als ein Umschwung in der Gesetzgebung erfolgte, acht. Aus dem Teuerungsjahre 1800 sind sogar nicht weniger als einundzwanzig genannt. Die nächste Epoche einer sehr eifrigen Beschäftigung mit dem Gegenstande beginnt dann im Jahre 1814 und umfafst dieses und das folgende. Bei Walford ist sie mit fünfzehn Schriften vertreten; aber die Zahl liefse sich mit Leichtigkeit verdreifachen. Ein einziger Sammelband des British Museum enthält aus den zwei Jahren neun einschlägige Schriften, die Walford nicht erwähnt.

b) (Zu S. 4). Smith behandelt im 5. Kapitel des 4. Buches die Prämie für die Getreideausfuhr, die in England bestand. Er bekämpft die Anschauung, dafs die Erhöhung des Getreidepreises, die als Folge der Prämie eintrete, der Erweiterung des Getreidebaues günstig sei. Nach seiner Ansicht wird nur der Geldpreis erhöht, nicht der Sachpreis des Getreides, seine Kaufkraft andern Gütern als dem Geld gegenüber. Er meint, in dem Verhältnis, wie das Getreide teurer wird, müsse auch der Arbeitslohn steigen und dadurch auch der Preis aller inländischen Erzeugnisse, so dafs der landwirtschaftliche Unternehmer keinen höhern Überschufs zurückbehalte und somit keinen verstärkten Ansporn in seinem Betriebe empfinden könne. So habe die Getreideprämie nur die Wirkung, alle Gegenstände im Lande zu verteuern, mit andern Worten den Tauschwert des Bargeldes zu erniedrigen. Diese paradoxe Annahme von Smith ist es, mit deren Widerlegung Malthus seine Ausführungen beginnt. Vgl. auch S. 100.

c) (Zu S. 4). Schon in der 1803 erschienenen zweiten Auflage des „Versuchs über das Bevölkerungsgesetz" (p. 453 ff.) widerspricht Malthus den Anschauungen, die Smith über die Exportprämie entwickelt hatte. In der nähern Erörterung geht er auf jenen Beweis ein, den Smith für seine Meinung daraus entnimmt, dafs vom Getreidepreise angeblich alle übrigen Preise abhängig sind. Er findet diesen Beweis für den plausibelsten von allen (p. 458), bemüht sich aber umsomehr mit seiner Widerlegung. Er führt aus, dafs doch manche Bodenerzeugnisse nicht immer genau in demselben Verhältnis wie das Getreide billiger und teurer werden. Auch mache bei entwickeltem Maschinenwesen der Arbeitslohn einen mäfsigen Bruchteil vom Preise der Industrieerzeugnisse aus. Der Arbeitslohn sei ferner neben dem Getreidepreise auch von der Besteuerung der Lebensbedürfnisse des Arbeiters abhängig. Überdies passe sich ein bestehender Lohnsatz nicht so rasch den Veränderungen des Getreidepreises an. In der ersten Hälfte des 18. Jahrhunderts sei wohl der Getreidepreis, aber nicht der Lohn zurückgegangen. Aufserdem beständen die Produktionskosten des Getreides nicht blofs aus den Löhnen, die der Pächter zu zahlen habe, sondern auch aus seinem Pachtzins und aus seinen Steuern (pp. 458—460). Zum Schlufs weist Malthus noch auf eine Verwechselung zwischen Gebrauchswert und Tauschwert hin, die bei Smith unterläuft (vgl. auch unsre Schrift S. 8 Z. 31 bis 32): „Wenn Smith", so sagt er p. 460. 61, „die Ausführung macht, die Natur der Dinge habe dem Getreide einen Sachwert aufgedrückt, der durch eine blofse Veränderung seines Geldpreises nicht geändert werden kann, ... so ist deutlich, dafs er die Frage von dem Gewinne der Produzenten auf den physikalischen und bleibenden Wert des Getreides hinüberspielt ... Ich will natürlich nicht behaupten, dafs die Ausfuhrprämie den physikalischen Wert des Getreides ändert und bewirkt, dafs ein Bushel mehr Arbeiter ernähren kann als vorher; aber allerdings behaupte ich, dafs sie unter den thatsächlichen Verhältnissen den Gewinn des englischen Landwirts der Sache nach erhöht und, indem sie es für ihn einträglich macht, Getreide zu bauen, ihn bestimmt, mehr zu säen, als er sonst thäte, und ihn befähigt, mehr auf die Beschäftigung einer gröfseren Anzahl Arbeiter zu verwenden". Vgl. auch die Einleitung. — Ziemlich gleichzeitig mit unsrer Schrift hat Lauderdale in einer Publikation A letter on the corn laws, 1814, p. 10 ff., jene eigentümliche Lehre von Smith über die Wirkungslosigkeit der Getreideexportprämie zu widerlegen gesucht.

d) (Zu S. 6). Zusammenstellungen der Ausgaben und Einnahmen von 53 Arbeiterfamilien aus verschiedenen Teilen des Landes enthält Eden, The state of the poor, 3 voll., 1797, vol. III p. CCCXXXIX bis CCCL. Die erste dort angeführte Haushaltung verbraucht für Brot und Mehl wöchentlich 4 Schill. gegenüber einer jährlichen Gesamtausgabe von 25 £ 13 ß 2 ₰; die Ausgabe für Brot und Mehl — 52mal 4 ß oder 10 £ 8 ß — ist also wirklich etwa zwei Fünftel des ganzen Bedarfs. Dieselbe Familie giebt für Wohnung, Feuerung und Kleidung jährlich 4 £ 16½ ß aus, für Thee, Zucker, Butter, Seife und Lichter zusammen in der Woche 1 ß 3½ ₰, also für die zweite Gruppe von Verbrauchsartikeln, die Malthus zusammenfafst, doch wesentlich weniger als für Brot und Mehl, und dieses Verhältnis wiederholt sich auch in den andern Budgets sehr oft.

e) (Zu S. 8). Der Verfasser denkt hier wohl an die Ausführungen im 7. Kapitel des ersten Buches, die in folgender Schlufsbetrachtung zusammengefafst sind: „Die ganze Menge Thätigkeit, die jährlich angewandt wird, um eine besimmte Güterart zum Markte zu bringen, pafst sich so der wirksamen Nachfrage an. Sie strebt naturgemäfs danach, genau jene Menge zu liefern, die ausreicht, jene Nachfrage zu befriedigen und nicht mehr als zu befriedigen" (Reichtum der Nationen, Baseler Druck, I 87).

f) (Zu S. 6). Smith, Reichtum der Nationen, a. a. O., III 17: „Nur der Geldpreis, nicht der Sachpreis des Getreides kann in einem beträchtlichen Mafse durch die Prämie beeinflufst werden". Ebd. p. 18: „Der Pächter wird nicht imstande sein, viel besser zu bauen, der Grundbesitzer nicht, viel besser zu leben." Ebd.: „Der Durchschnittspreis des Getreides bestimmt mehr oder weniger den aller andern Waren". Ebd. p. 24: „ohne dem Pächter oder Gutsherrn einen bedeutenden Dienst zu leisten." Ebd. p. 28: „sie erhöhten nicht in einem merklichen Grade den Sachwert ihres eigenen Erzeugnisses."

g) (Zu S. 10). Die Erörterungen von Smith über die richtige Art, den Wert zu schätzen, finden sich hauptsächlich im 5. Kapitel des ersten Buches, das den bezeichnenden Titel hat: „über den Sachpreis und den Nennpreis der Waren oder ihren Preis in Arbeit und ihren Preis in Geld". Es handelt sich auch in diesen Ausführungen für Smith darum, der üblich gewesenen Überschätzung des Geldes entgegenzutreten. Er betont daher, dafs die von einer Ware eingetauschte Geldmenge unwesentlich sei, die eingetauschte Menge Genufsmittel bedeutsam. Nun giebt es ja sehr verschiedenartige Genufsmittel, und so entsteht die Frage, welche einzelne Güterart die Beschaffenheit hat, dafs die Menge, die man davon eintauschen kann, die Wichtigkeit und Bedeutung jeder Ware kennzeichnet. Smith erklärt, dafs die Arbeit diese Güterart sei, also der reale, bedeutungsvolle Tauschwert der Waren sich nach der Menge Arbeit, die man für sie im Tausch erhält, bestimme (Reichtum der Nationen, a. a. O. I 43—49; vgl. Leser, Begriff des Reichtums bei Adam Smith 120 bis 128). Da aber Smith weiter annimmt, dafs im grofsen Durchschnitt jede gleiche Getreidemenge auch immer etwa die gleiche Menge Arbeit eintauschen kann, so hält er auch die Menge Getreide, die man für eine Ware im Tausch empfängt, für ein annähernd brauchbares Kennzeichen, um ihren realen Tauschwert danach zu schätzen. „Gleiche Mengen Arbeit", sagt er ebd. p. 52. „können in auseinanderliegenden Zeiten annähernder mit gleichen Getreidemengen gekauft werden . . als mit gleichen Mengen Gold und Silber oder vielleicht überhaupt mit gleichen Mengen irgend einer andern Ware. Gleiche Getreidemengen sind deshalb in auseinanderliegenden Zeiten annähernder von demselben sachlichen Tauschwert". Vgl. ferner I 293. Diese Anschauung von Smith, dafs durch die Schätzung in einer bestimmten Güterart die Möglichkeit bestehe, den wesentlichen und darum immer geltenden Tauschwert zu messen, ist namentlich von J. B. Say, Traité d'économie politique, l. I ch. 27, Ausg. v. 1861 p. 274—279, widerlegt worden. Vgl. auch über die ganze Lehre Roscher, Die Grundlagen der Nationalökonomie §§ 127—129; irrig sind die Bemerkungen von Held, Zwei Bücher zur sozialen Geschichte Englands, S. 174 N., und von Schulze-Gävernitz, Zum sozialen Frieden II 87. Malthus, der an unsrer Stelle leugnet, dafs es ein konstantes Wertmafs geben kann, ist doch in der späteren Untersuchung, The measure of value stated and illustrated, 1823, wieder auf eine der Smithschen sehr ähnliche Ansicht zurückgekommen. So urteilt er denn auch zuletzt in seinen 1827 zum erstenmal erschienenen Definitions in political economy ganz anders über den Smithschen „realen Wert" als in unsrer Schrift. „Indem Smith", so sagt er dort (neue Ausgabe von Cazenove p. 35), „die Arbeit, worüber eine Ware die Verfügung giebt, als Mafsstab des Wertes annimmt, hat er, wie mir scheint, nicht die beweiskräftigsten Gründe für diese Ansicht vorgebracht und es auch nicht immer ganz deutlich ausgedrückt, ob er an die Arbeit denkt, worüber die Ware die Verfügung giebt, oder diejenige, die in der Herstellung der Ware verbraucht ist. Noch häufiger hat er darin gefehlt, dafs er im einzelnen nicht an dem von ihm vorgeschlagenen Mafsstabe festhielt und als gleichbedeutend die Getreidemenge einsetzte, worüber eine Ware die Verfügung giebt, während doch diese Menge als Wertmafsstab wesentlich andre Eigentümlichkeiten hat als die Arbeit. Trotz alledem aber mufs man zugestehen, dafs Smith im ganzen die Ausdrücke Arbeit und Wert in dem Sinne gebraucht hat, wie man sie in der Gesellschaft regelmäfsig auffafst, und dafs er, von wenigen Ausnahmen abgesehen, in der Weise, wie es im weitesten Umfange für die Erörterung der Wissenschaft Nutzen gewährt, die Arbeit als Wertmafsstab verwendet hat".

h) (Zu S. 10). Das Quarter (= 281,9 Liter) wird in 8 Bushel geteilt; ein Viertel Bushel heifst auch Peck. Was Malthus hier über die Geschichte des Arbeitslohnes angiebt, hat er eingehender wiederholt und belegt in seinen Principles of political economy, Buch I Kap. 4 § 4 (2^d ed. p. 240 ff.). Er folgt den Mitteilungen von Eden und entnimmt daraus, dafs für die Regierung Heinrichs VII. der Durchschnittspreis des Weizens $9^1/_2$ Pence per Bushel war. Nach dem Arbeitergesetze von 1495 war der Tagelohn ohne Kost 4 bis $4^1/_2$ Pence, so dafs der Arbeiter fast $1^3/_4$ Peck, beziehungsweise (bei $4^1/_2$ d.) fast ein halbes Bushel Weizen mit dem Einkommen eines Tages kaufen konnte. Nach derselben Quelle war 1601 der Tagelohn 10 Pence, der Getreidepreis der fünf Jahre, die mit 1601 schliefsen, 5 β 3 d. das Bushel, so dafs der Tagelohn nicht einmal für ein Sechstel Bushel oder zwei Drittel Peck reichte. In Bezug auf die Regierungszeit Eduards III. ist aus dem Arbeitergesetz von 1350 zu entnehmen, dafs kurz vorher der Lohn wahrscheinlich zwischen $1^1/_2$ und 2 Pence war; nach den bei Eden aufgeführten Weizenpreisen der ersten Regierungshälfte Eduards III. ergiebt sich eine durchschnittliche Höhe von 8 Pence das Bushel, so dafs also der Tagelohn etwa drei Viertel Peck bis ein Peck gewesen sein dürfte. Auch Rogers (Work and wages p. 391) sagt, dafs der einfache Arbeiter um 1593 im ganzen Jahre nicht soviel verdiente als 1495 in fünfzehn Wochen.

i) (Zu S. 14). European commerce, showing new and secure channels of trade with the continent of Europe, detailing the produce, manufactures and commerce of Russia, Prussia, Sweden ec. By

J. Jephson Oddy. 1 vol. 4°, London 1805. Vgl. Macculloch, The literature of political economy p. 55, 56. S. auch Sir H. Parnell, speeches on the corn laws (1814) p. 15.

k) (Zu S. 14). Nach den First and second reports from the committees of the House of Lords appointed to inquire into the state of the growth, commerce and consumption of grain etc., 1814, p. 111. 112, war der Weizenpreis in Danzig 1810 401, 1811 284, 1812 310, 1813 280 Gulden per Last. Das giebt einen Durchschnitt von 319 Gulden: die Last ist $10^1/2$ Quarter. Der Wechselkurs in Elbing war 1810 durchschnittlich 16.18, 1811 14 27, 1812 14.9, 1813 13,22, wobei der veränderliche Kurs die Zahl der Gulden und Groschen (à $1/30$ Gulden) ausdrückt, die für ein Pfund Sterling bezahlt wurden. Danach stellt sich also per Quarter der Danziger Preis 1810 auf 46, 1811 auf $36^1/4$, 1812 auf $41^1/4$ und 1813 auf 52 Schill. oder im Durchschnitt der vier Jahre auf ca. 44 Schill. in damaligem englischem Gelde. Das englische Geld war aber in dieser ganzen Zeit entwertetes Papiergeld, und der Weizenpreis wird daher wesentlich niedriger, wenn man ihn in englisches Metallgeld umrechnet. Im Jahre 1813 war nach der Tabelle bei Tooke, Geschichte der Preise, übers. von Asher I 788, der Durchschnittspreis der Unze Gold 5 £ 1 β, während aus einer Unze Gold nur 3 £ $17^7/8$ β geprägt wurden, mit andern Worten: die Noten waren nur ca. 77 % der gleichnamigen Goldmünzen wert. Nach dieser Reduktion wären 44 β Papiergeld nur $33^7/8$ β Metallgeld. — Den Satz, dafs die Danziger Preise durch die englischen bestimmt wurden, schöpft Malthus aus der andern Enquete des Jahres 1814, der vom Unterhause angestellten. Der Report from the committee of the House of Commons on petitions relating to the corn laws p. 9 kommt zu dem Ergebnis, „dafs der Marktpreis des Weizens in Danzig .. nicht so sehr von der Reichlichkeit oder Dürftigkeit der Ernte in Polen .. als von den Preisen auf den Märkten in London oder Lissabon abhängig sei".

l) (Zu S. 16). Die Physiokraten nennen die Bodenrente, das Einkommen der Grundeigentümer, frei verfügbar und entwickeln daraus, dafs sie ohne Gefahr eine Verminderung durch die Steuer erleiden könne. So sagt z. B. Mercier de la Rivière, l'ordre essentiel et naturel des sociétés politiques p. 242, 43: „Die Steuer darf nur auf jährlich wiederkehrende Reinerzeugnisse gelegt werden: denn .. Reinerzeugnis oder Einkommen .. ist ein verfügbarer Reichtum, ein Reichtum, den man nach seinen Wünschen verzehren kann, ohne die jährliche Wiedererzeugung zu beeinträchtigen". Freilich meinen sie im Grunde doch nicht, dafs die Art, wie die Grundeigentümer ihr Einkommen verwenden, für den Fortgang der Produktion gleichgültig sei, oder dafs ein beliebiger Teil der Rente durch die Steuer in Beschlag genommen werden könne (vgl. z. B. Mercier de la Rivière, ebd. p. 235: „das Einkommen der Ländereien ist nicht seinem ganzen Betrage nach wirklich frei verfügbar"; p. 237: „von allen Seiten findet man offenbare Schranken für den Beherrscher des Staates, durch deren Innehaltung allein er sein gröfstmögliches Einkommen bewahren kann"; ferner Quesnay in den Physiocrates ed. Daire p. 66—70).

m) (Zu S. 17). Smith, Reichtum der Nationen, Buch 4, Kap. 9, a. a. O. III 293: „Ein Handels- und Industriestaat kauft mit einem kleinen Teil seiner Industrieerzeugnisse einen grofsen Teil der Roherzeugnisse andrer Länder u. s. w. ... Er führt den Unterhalt und die Verpflegung einer grofsen Volksmenge ein u. s. w. ... Seine Einwohner geniefsen einen viel gröfseren Unterhalt, als ihr eigner Boden ihnen verschaffen könnte".

n) (Zu S. 18). Im Appendix V des genannten Report from the select committee of the House of Commons ist die Rechnung aufgestellt. Der Wert der von 1792 bis 1812 vom Auslande nach Grofsbritannien eingeführten Brotfrüchte beträgt danach 58 634 135 £. Den gröfsten Einfuhrwert haben die Jahre 1800 mit 8 755 995, 1801 mit 10 149 098 und 1810 mit 7 077 865 £.

o) (Zu S. 20). Vgl. Tooke, a. a. O. I 150: „In denjenigen Handelszweigen, welche durch die Stockung und den Mifskredit von 1810—11 berührt wurden, sowie in denjenigen, welche von der Nachfrage für Ausfuhr abhingen, wurden viele Arbeiter ganz brotlos. Unter diesen Klassen herrschte mithin sehr grofse Not, die in den Fabrikdistrikten häufige Unruhen verursachte. Auf diese Unruhen wies der Prinzregent in einer Botschaft an das Unterhaus im Juni 1812 hin".

p) (Zu S. 21). Nach dem angeführten Appendix V des Commons' Report p. XI und XV war 1811 die Getreideeinfuhr 265 613 Quarter, die Mehleinfuhr 32 581 Centner; die Getreideausfuhr war zwar nur 218 537 Quarter, dagegen die Mehlausfuhr 94 313 Centner. 1812 war die Einfuhr bez. 243 833 Quarter und 53 038 Centner, die Ausfuhr 137 530 Quarter und 83 195 Centner. Den Preis für Weizen mit 125 Schill. 5 Pence giebt derselbe Anhang p. XII. Die Preistabelle und in etwas kürzerer Form auch die Zusammenstellung über die Ausfuhr und Einfuhr findet sich schon im Report from the Select Committee of the House of Commons appointed to enquire into the corn trade, ordered to be printed May 14th 1813 (bei Hansard, parliamentary debates, vol. 25 p. XCIV, XCV). Aus der letzteren Quelle hat Malthus geschöpft.

q) (Zu S. 21). Die Getreideeinfuhr aus Irland betrug 1812 440 473 Quarter, die Mehleinfuhr 123 019 Centner; 1809 hatte Irland sogar 857 947 Quarter Getreide nach Grofsbritannien geliefert.

r) (Zu S. 21). First and second reports from the committees of the House of Lords, a. a. O. p. 111, findet sich ein Brief des Getreideimporteurs Solly, wonach exportiert wurden:

	1802	1803	1804	1805	1806
Aus Danzig	52 416	34 149	41 787	44 920	5 874
Aus Elbing	12 393	9 595	10 048	11 759	403

	1810	1811	1812	1813
Aus Danzig	19 135	4 884	—	—
Aus Elbing	5 108	2 630	171	7 603

Lasten à 10½ Quarter.

Hinzugefügt ist zur Erklärung: „Im Jahre 1806 Krieg mit England; der Hafen durch die Schweden blokiert. 1807, 8 und 9 keine Ausfuhr von den Franzosen erlaubt; 1811 durften infolge besonderer französischer Bewilligung zwei oder drei Schiffsladungen verschickt werden, 1812 und 13 war die Ausfuhr ganz untersagt".

s) (Zu S. 21). Die beiden genannten Parlamentsberichte über den Getreideverkehr enthalten auch viel Material über die Lohnverhältnisse, so dafs Marx, das Kapital III² 167, sogar meint, sie bildeten „bis jetzt die wertvollsten und fast ganz unausgebeuteten Beiträge zur Geschichte des Arbeitslohnes im 19. Jahrhundert". Über den Lohn in der Industrie geben die Lords' Reports namentlich Nachrichten aus Schottland. In einem Berichte heifst es, dafs der tiefste Stand der Löhne 1811 bei den höchsten Getreidepreisen eintrat, der höchste Lohn 1805 bei den niedrigsten Getreidepreisen; 1805 wurde für das Stück 9 Schilling Webelohn bezahlt, 1811 für dieselbe Arbeit 3 Schilling (a. a. O. 126). Lord Landerdale liefert Lohntarife für die Zeit von 1790 bis 1814 aus der Glasgower Textilindustrie, von denen ein Teil allerdings aufserordentliche Veränderlichkeit der Sätze zeigen. Für die Elle sog. „1200er $^{6}/_{4}$ breite Musline" wurde 1794 21, 1802 $9^{3}/_{4}$, 1806 12, 1811 5, 1814 $9^{1}/_{4}$ Pence bezahlt. Für die Elle „1200er $^{6}/_{4}$ breiter Jaconet" wird 1809 5, 1810 7, 1811 $3^{1}/_{4}$, 1812 5, 1813 6, 1814 7 Pence bezahlt (p. 191—197). Aber auch aus Lancashire teilt der Abgeordnete Patrick Milne zwei Listen mit. Die eine giebt den Lohn für das Weben von sog. „74er Druckkattun" in Blackburn für die Jahre 1792 bis 1814; die Sätze, die für die 23 Jahre einen Durchschnitt von $7^{1}/_{2}$ Schill. per Stück ergeben, bewegen sich zwischen 10 Schill. in den Jahren 1802 und 1814 und $5^{1}/_{2}$ Schill. in den Jahren 1808 und 1811. Nach der andern Tabelle schwankt der Lohn für das Weben des Stückes 80er $^{6}/_{4}$ breiter Cambric in Stockport zwischen 24 Schill. im Juni 1802 und 10 Schill. im Dezember 1810 (p. 115 bis 118). Die hier aufgeführten Akkordpreise stimmen nicht ganz mit denjenigen, die Baines, History of the cotton manufacture in Great Britain p. 438, enthält.

t) (Zu S. 26). Die erste amtliche Volkszählung erfolgte in Grofsbritannien 1801 und ergab für England und Wales mit Einschlufs des Heeres und der Marine 9 343 578 Personen (Porter, Progress of the nation [1851], p. 8). Die frühere Bevölkerung mufs durch Rechnung mit Hülfe der aufgezeichneten Geburten und Todesfälle gefunden werden. Danach nimmt man an, dafs die Volkszahl für das entsprechende Gebiet 1790 nur 8 540 738 gewesen war. 1811 ergab die Zählung für dieselben Teile 10 791 115. Der Zuwachs im Jahrzehnt 1790/1800 beträgt 7,56%, derjenige von 1801 bis 1811 15,5%. (Porter, ebd. und p. 13). Die Exportwerte stellt Cunningham, Growth of English industry and commerce, modern times, p. 695, aus verschiedenen Quellen zusammen. Danach exportierte Grofsbritannien 1798 27 317 087 £, 1800 34 381 617 £, das vereinigte Königreich 1810 43 568 757, 1815 58 624 550 £. Vgl. auch die Tabelle bei Tooke, Thoughis and details on the high and low prices of the 30 years from 1793 to 1822, App. to Part. II p. 1.

u) (Zu S. 28). Nach Tooke I 800 war im April 1814 der Weizenpreis 75 Schill. 8 d., im Mai 69 Schill. 7 d., im Februar 1815 63 Schill. 2 d., im März 67 Schill. 3 d. Der Preis der Unze Gold war (vgl. ebd. 789) am 22. Februar 1814 5 £ 8 ß, am 28. Februar 1815 4 £ 9 ß. Auf Gold reduziert ist danach der Weizenpreis des April 1814 etwa $54^{1}/_{2}$ Schill., der des März 1815 $58^{1}/_{8}$ Schill.

v) (Zu S. 28). Smith, Reichtum der Nationen, a. a. O. I 309, 10: „Es würde vielleicht zutreffender sein, diese Veränderung im durchschnittlichen Geldpreise des Getreides als die Wirkung einer allmählichen Zunahme des Sachwertes des Silbers auf dem europäischen Markte anzusehen und nicht als die eines Rückganges im sachlichen

Durchschnittswert des Getreides". Michel Chevalier, La monnaie 212 bis 214, ist derselben Ansicht wie Smith und begründet sie aus den Verhältnissen der Metallproduktion; ebenso Levasseur, La question de l'or 23, 24.

w) (Zu S. 29). Nach der offiziellen Preistabelle, die Lavergne, Seconde note sur les variations des prix, in den Séances et travaux de l'académie des sciences morales et politiques vol. 72 p. 62 mitteilt, war der französische Weizenpreis im Jahre 1814 durchschnittlich 17 Frcs. 73 Cent. das Hektoliter. Das Quarter zu 281,9 Liter und den Franken zu 4/5 Schill. gerechnet, giebt dieser Preis für das Quarter 40 Schilling.

x) (Zu S. 29). Malthus kann sich für diesen Satz auf zahlreiche Aussagen im Commons' Report berufen (vgl. namentlich p. 20, 33, 38, 52, 77, 108, 112. 124, 131). Danach hätten sich die Arbeitslöhne in dem Vierteljahrhundert, das dem Jahre 1814 vorherging, etwa verdoppelt. So hat ein Landwirt über eines seiner Pachtgüter genaue Rechnung geführt und mitgeteilt, dafs er auf den 350 Acres, die es bildeten, in den letzten Jahren vor 1798 2 966 £ 13 ß für Arbeitslohn brauchte, in dem gleich langen Zeitraume von 1806 bis 1813 4 758 £ 14 ß, obgleich er in dem späteren Zeitabschnitte eine kleinere Zahl Arbeiter beschäftigte (p. 124). Ein andrer sagt, dafs er vor 20 Jahren 6 Schill. Wochenlohn gezahlt habe, während er jetzt 12 Schill. gebe (131). In andern Teilen der Enquête tritt allerdings die Thatsache entgegen, dafs in den einzelnen Jahren der Lohn sich nicht den Schwankungen des Getreidepreises anpafst. Vgl. auch oben N. s S. 115 und S. 67, 68.

y) (Zu S. 29). Smith, Reichtum der Nationen II 287—291. „Der zweite Fall, in dem es im allgemeinen vorteilhaft sein wird, eine Abgabe auf die fremde Thätigkeit zur Ermutigung der einheimischen zu legen, tritt dann ein, wenn die letztere zu Hause einer Steuer unterworfen ist. In diesem Falle scheint es begründet, dafs dasselbe Erzeugnis des Auslandes einer gleich hohen Steuer unterworfen wird. Damit erhält die inländische Thätigkeit kein Monopol auf dem heimischen Markte, auch wird dadurch keiner einzelnen Beschäftigung ein gröfserer Teil des Kapitals und der Arbeit des Landes zugeführt, als an sich ihr gewidmet worden wäre. Es wird dadurch nur verhindert, dafs ein Teil dessen, was an sich ihr gewidmet würde, durch die Steuer davon weg- und in eine weniger natürliche Richtung geführt wird, und so bleibt der Wettbewerb zwischen der inländischen und ausländischen Produktion nach Einführung der Steuer, soweit es überhaupt möglich ist, gerade so wie vorher".

z) (Zu S. 31). Im Commons' Report p. 125 sagt ein Grofsproduzent aus der Grafschaft Essex, die Ernte in seiner Gegend sei 1813 um ein Drittel über eine Durchschnittsernte hinausgegangen; aber er habe auch dieselbe Quantität Weizen, wofür er vor der Ernte 30 £ erlöste, nachher nur für 18 £ verkauft. Mit der letzteren Angabe stimmt die Preistabelle bei Tooke, a. a. O. I 800, überein; danach kostete der Quarter Weizen im Mai 1813 117 Schill. 10 d., im Mai 1814 69 Schill. 7 d.

aa) (Zu S. 33). Am 25. April 1814 kündigte Sir Henry Parnell vonseiten der Regierung an, dafs er in einem Comité des Hauses eine Reihe von Resolutionen über die Getreidepolitik vorschlagen werde, auf deren Grund ein Gesetz ausgearbeitet werden solle. Die Resolutionen wurden am 3. Mai den Mitgliedern übergeben, und die Debatte begann. Die erste Resolution wollte die Ausfuhr von Getreide und Mehl zu jeder Zeit ohne Abgabe und ohne Ausfuhrprämie gestattet wissen. Die zweite Resolution besagt, dafs — abgesehen von der Einfuhr aus den britischen Kolonien in Nordamerika — die Einfuhr von Weizen bei einem Preise unter 84 Schill. $24^1/_2$ Schill. Zoll zahlen sollte, bei einem Preise zwiscken 84 und 87 Schill. $2^1/_2$ Schill. Zoll, bei einem Preise von 87 Schill. und darüber $1/_2$ Schill.: bei Korn sollte der hohe Zoll mit einem Preise von 56, bei Gerste mit 42, bei Hafer mit 28 Schill. aufhören. Die dritte Resolution bezieht sich auf die zollfreie Lagerung fremden Getreides in Entrepots. Die zweite Resolution erfuhr im Comité eine kleine Veränderung. S. Hansard, Parliamentary debates vol. 27 p. 524, 666, 722, 726. Über die Resolutionen von 1813 vgl. die Einleitung.

II. „Wesen und Entwickelung der Bodenrente".

a) (Zu S. 38). Smith, Reichtum der Nationen, a. a. O. I 78:
„Der Preis oder Tauschwert ... aller Waren, die das ganze jährliche Erzeugnis der Arbeit eines Landes bilden, ... muſs sich in die gleichen drei Teile auflösen und unter verschiedenen Bewohnern des Landes entweder als Lohn ihrer Arbeit, als Gewinn ihres Kapitals oder als Rente ihres Bodens verteilt werden". Ferner I 394: „Der ganze Preis des jährlichen Erzeugnisses ... bildet ein Einkommen für drei verschiedene Klassen der Bevölkerung, für diejenigen, die von der Rente, für diejenigen, die vom Lohne, und für diejenigen, die vom Gewinn leben".

b) (Zu S. 38). Nicht immer versagen die Physiokraten den übrigen Teilen des Jahresprodukts auſser der Bodenrente die Bezeichnung Reichtum: aber es kommt allerdings die Auffassung bei ihnen vor, daſs man nur das Einkommen der Grundeigentümer mit diesem Ausdrucke benennen dürfe. Belegstellen sind gesammelt bei Leser, Begriff des Reichtums bei Adam Smith, S. 75 und 76 Note.

c) (Zu S. 39). Äuſserungen im „Reichtum der Nationen", in denen die Rente gerade aus der Reichlichkeit der Erträgnisse und aus den Vorzügen, welche die Bodenprodukte auszeichnen, hergeleitet wird, und die deshalb bei Malthus, der ähnliches beweisen will, Beifall finden, sind z. B. die folgenden: „Der Boden, wo er auch liegen mag, erzeugt fast immer eine gröſsere Menge Nahrung, als zum Unterhalt derjenigen, die das Produkt zum Markte bringen, erforderlich ist; ... es bleibt immer etwas, um dem Grundherrn eine Rente zu gewähren" (I 227). „Wenn der Unterhalt aus einer Pflanze gezogen wird, wovon der Boden eine groſse Menge erzeugt, ... würde die Rente des Grundherrn viel gröſser sein" (I 248). „Der Wert des Erzeugnisses landwirtschaftlich benutzter Böden und derjenige ihrer Rente steht im Verhältnis zu ihrer absoluten, nicht zu ihrer relativen Fruchtbarkeit" (I 271). „Was die Fruchtbarkeit des Bodens vergröſsert ... vermehrt nicht nur den Wert jener Böden, die sich verbessern, sondern auch denjenigen vieler andrer Böden" (I 272). Dagegen erscheint z. B. in folgenden Sätzen die Rente wie ein Monopoleinkommen: „Die Bodenrente als Preis für die Benutzung des Bodens ist naturgemäſs ein Monopolpreis" (I 225). „Gute Landstraſsen, Kanäle, schiffbare Flüsse ... sind der Stadt vorteilhaft, indem sie das Monopol des Landes in der nächsten Umgebung zerstören; sie sind sogar dieser Umgebung der Stadt vorteilhaft, ... denn das Monopol hindert die gute Wirtschaft" (I 228, 229). „Die Länder, in denen der Tabakbau erlaubt ist, haben eine Art Monopol ... Virginia und Maryland haben einen grofsen Anteil an diesem Monopol" (I 246).

d) (Zu S. 44). A. a. O. I 235.

e) (Zu S. 45). Buchanan, Observations of the subjects treated of in Dr. Smith's Inquiry (den 4. Band von Smith Inquiry ed. Buchanan bildend), p. 34, 35: „Es ist klar, dafs die verbrauchte Menge einer Ware niemals für längere Zeit über die erzeugte Menge hinausgehen kann, und eine Zunahme des Preises ist das Mittel, wodurch der Verbrauch in den Grenzen des Angebotes gehalten wird, während bei vermehrtem Angebote der Verbrauch durch einen Rückgang des Preises beschleunigt wird ... Ein bestimmter Preis ist notwendig, um den Verbrauch dem Angebote anzupassen, und die Rente ist die Wirkung dieses hohen Preises". Vgl. auch Leser, Untersuchungen zur Geschichte der Nationalökonomie I 79.

f) (Zu S. 56). Die hier erwähnten Werke von Sir John Sinclair (1754—1835) haben die Titel: An account of the systems of husbandry adopted in the more improved districts of Scotland, 2 voll., 1812 und General report on the agricultural state and political circumstances of Scotland, drawn up for the consideration of the Board of agriculture and internal improvement, under the direction of Sir John Sinclair, 5 voll., 1814. Vgl. auch S. 91 N.

g) (Zu S. 56). Auch der angeführte Report from the select committee of the House of Commons sagt: „der Anteil des Grundeigentümers war vor 20 Jahren ungefähr ein Drittel und ist jetzt nur ein Viertel bis ein Fünftel des Rohertrages" (p. 4). Vgl. ebd. p. 99, 100, 111, 112, 121.

h) (Zu S. 62). Smith, Reichtum der Nationen, I 53: „Der durchschnittliche oder gewöhnliche Preis des Getreides wird ... durch den Wert des Silbers bestimmt, durch die Ergiebigkeit oder Dürftigkeit der Minen, die den Markt mit jenem Metall versehen, mit andern Worten durch die Arbeitsmenge, die angewendet, beziehungsweise die Getreidemenge, die verzehrt werden mufs, um eine bestimmte Menge Silbers von der Mine zum Markte zu bringen".

i) Zu S. 63). Ebd. p. 380, 81: „Wenn die Erhöhung des Preises einiger Arten Lebensmittel ausschliefslich auf dem Rückgange des Silberwertes beruht, so beruht sie auf einem Umstande, woraus nichts als die Ergiebigkeit der amerikanischen Minen geschlossen werden kann ... Aber wenn diese Erhöhung des Preises einiger Arten Lebensmittel auf der Erhöhung im Sachwerte des Bodens, der sie hervorbringt, beruht, auf seiner vermehrten Fruchtbarkeit, ... so beruht sie auf einem Umstande, der in der deutlichsten Weise die glückliche Lage und den Fortschritt des Landes beweist".

k) (Zu S. 66). Die Ansicht von Smith, gegen die Malthus sich hier wendet, und die im Reichtum der Nationen a. a. O. I 295 ff. entwickelt wird, ist offenbar irrig. Ihrer Widerlegung widmete denn auch Ricardo das 28. Kapitel seiner Principles. Vgl. auch Roscher, Grundlagen der Nationalökonomie § 125; Schönberg, Handbuch der politischen Ökonomie I 348.

l) (Zu S. 67). Über das „gleiche Niveau" (level, wie schon Hume die Erscheinung nennt), worauf sich die Geldwerte der verschiedenen Länder halten müfsten, hat Malthus viel nachgedacht. Während in Ricardo's für die Öffentlichkeit bestimmten Schriften der Ausdruck level nur ganz vereinzelt vorkommt und auch da nicht notwendig in Bezug auf die Wertgleichheit des Geldes unter den Nationen (so Works p. 215 für die Wertgleichheit unter verschiedenen Münzstücken desselben Landes), findet sich die Wendung verhältnismäfsig oft in seinen Antworten auf die Briefe von Malthus (Ricardo's letters to Malthus ed. Bonar 16, 19, 34, 57, 196). Ebenso kehrt sie sehr häufig wieder in einem, von Malthus unter dem Titel Depreciation of paper currency im Edinburgh Review vol. 17 (1811) veröffentlichten kritischen Artikel (vgl. p. 342, 344, 346 passim. 369). Unsre Stelle dürfte das Endergebnis zeigen, zu dem der Forscher nach allen Erwägungen und Diskussionen zuletzt gelangt ist.

m) (Zu S. 68). S. Note s) auf S. 115, 116. Vgl. ferner Lords' Reports p. 61 eine Aussage des Tuchfabrikanten Joyce: „Als vor zwei Jahren der Weizen aufserordentlich teuer war, erlaubten wir den Arbeitern, um ihre Lage zu verbessern, dafs sie Überstunden arbeiteten; statt dafs sie sonst am Samstag vormittag die Arbeit verlassen, gestatteten wir ihnen, den ganzen Tag weiterzuarbeiten und Morgens früh anzufangen." Ferner Patrick Milne p. 114: „Angenommen, es sind in einer Gemeinde hundert Arbeiter, die genügen, um die Arbeit der Gemeinde zu besorgen: wenn dann die Lebensmittel teurer werden, so werden jene Arbeiter das Doppelte leisten, und natürlich mufs, da nur eine bestimmte Nachfrage nach Arbeit da ist, die Arbeit billiger werden. Werden umgekehrt die Unterhaltsmittel billiger, so arbeiten jene Leute viel weniger, vielleicht nicht die Hälfte; man mufs deshalb aus andern Gemeinden Arbeiter herbeiholen, wodurch eine Nachfrage nach Arbeitern entsteht und die Arbeit teurer wird. Ich habe immer bemerkt, dafs der Lohn von Angebot und Nachfrage beherrscht wird und nicht vom Getreidepreis; gewifs hat der Getreidepreis einen Einflufs auf den Lohn, wie auch der Schuhpreis und der Tuchpreis; aber es scheint mir, dafs der Arbeitslohn nicht gänzlich davon beherrscht wird". Ebenso Lauderdale p. 197: „Angenommen, in einem Lande sind tausend Fabrikarbeiter vorhanden, die im Durchschnitt acht Stunden täglich arbeiten, so ist offenbar der Gesamtvorrat Fabrikarbeit 48000 Stunden in der Woche. Wenn in einem teuern Jahre der Wunsch, sich die gewohnten Genüsse zu verschaffen, den Arbeiter veranlafst, zehn Stunden täglich zu arbeiten, so ist der Gesamtvorrat Fabrikarbeit 60000 Stunden die Woche, und wenn die Nachfrage dieselbe bleibt, so mufs der Wert nach allen allgemeinen Gesetzen unvermeidlich fallen." — Auf das von Malthus hier ausgesprochene Urteil über den Stücklohn verweist Marx, Kapital, I 581.

n) (Zu S. 68). Malthus, Versuch über das Bevölkerungsgesetz (2. A. 1803), p. 406, 7: „Dr. Smith hat deutlich gezeigt, dafs der naturgemäfse Einflufs eines Jahres mit Getreidemangel darin besteht, eine Anzahl Arbeiter beschäftigungslos zu machen oder sie zur Arbeit für einen niedrigeren Lohn als vorher zu zwingen, weil die Arbeitgeber nicht imstande sind, dieselbe Zahl zum nämlichen Preise zu beschäftigen ... Im natürlichen Laufe der Dinge mufs eine Teuerung dahin wirken, den Preis der Arbeit nicht zu heben, sondern zu vermindern."

o) (Zu S. 70). Vgl. oben S. 55 den Z. 3 von unten beginnenden Absatz.

p) (Zu S. 70). Im Jahre 1799 wurde zuerst eine sogenannte „Steuer auf Vermögen und Berufsthätigkeit (tax on property and employments)" für Grofsbritannien eingeführt, wodurch die einzelnen Steuerpflichtigen nach Mafsgabe ihres Jahreseinkommens belastet werden sollten. Nach verschiedenen Veränderungen erhielt das Gesetz im Jahre 1806 (46 Geo. III c. 65) die Gestalt, in der es bis zur gänzlichen Abschaffung der Steuer im Jahre 1816 bestehen blieb. Der Steuerfufs war 10 % des Einkommens; die verschiedenen Einkommensarten wurden in ungleichen Formen herangezogen. Der Pächter steuerte wie bei der jetzigen Einkommensteuer nach Schedula B, indem die Höhe seiner Steuerpflicht sich nach dem Pachtzins richtete, den er zu zahlen hatte: sein Einkommen wurde auf drei Viertel dieses Pachtzinses veranschlagt. Der Ertrag der ganzen Steuer war im Rechnungsjahre 1814/15 über 14½ Mill. £ (Dowell, History of taxation and taxes in England II 240, III 103—116).

q) (Zu S. 72). Vgl. oben S. 47 N. In solchen Betrachtungen der klassischen Nationalökonomie, nicht etwa in spezifischen Lehren Ricardos, liegt der Ursprung der sozialistischen Mehrwerttheorie; vgl. Engels, Vorrede zum zweiten Bande des Marxschen Kapital, besonders S. XIX f.

r) (Zu S. 72). Im Lords' Report p. 205. 6 zählt der Rentbeamte David Stewart die verschiedenen Hindernisse auf, die nach seiner Meinung einer gröfseren Ergiebigkeit der Felder entgegenstehen, und sagt in diesem Zusammenhange: „Als dritte Ursache betrachte ich, dafs eine so grofse Anzahl Grundeigentümer keine Pachtkontrakte, und dafs eine noch gröfsere Anzahl nur so kurze geben. Viertens findet sich eine so grofse Anzahl Grundeigentümer, besonders in Irland, die Pachtverträge auf Lebenszeit geben und gestatten, dafs solches Land in Afterpacht gegeben wird zu Pachtzinsen, die zu hoch sind ... Siebtens nehmen die Grundeigentümer Abgaben beim Antritt der Pacht und ziehen dadurch Kapital an sich, das dem Betriebe gewidmet werden müfste". In Bezug auf die besonderen Verhältnisse Irlands bemerkt er p. 186, 187: „Ein grofser Teil von Nordirland, wohin ich gekommen bin —, besonders die Grafschaften Antrim und Londonderry gehören dazu —, ist in Güter von 10 bis 35 und 40 Acres geteilt und zuweilen in solche, die kleiner sind als 10 Acres ... Diese kleinen Landwirte bauen Getreide, und die Leinenindustrie wird dort mit der Landwirtschaft verbunden ... Im Süden vergiebt die Aristokratie in stärkerem Mafse als im Norden ihre Besitzungen an eine Art Personen, die man „Mittelmänner" nennt. Zuweilen behalten diese grofse Stücke Land in eigener Bewirtschaftung, in anderen Fällen verpachten sie ausgedehnte Flächen an andere Pächter weiter, und zuweilen verpachtet diese zweite Art Pächter nochmals an andere weiter, bis zuletzt der Besitz in Stücke von einem Acre, einem halben Acre und manchmal noch weniger geteilt ist ... Das bezieht sich besonders auf die Grafschaften Kilkenny, Tipperary, Cork und Kerry ... Die Pachtzinsen dieser Unterpächter, die solche kleine Stücke haben, sind im allgemeinen sehr hoch ... Die Pachtzinsen, welche die Grundeigentümer erhalten, sind in vielen Fällen sehr niedrig, in andern, wo neuerdings Verpachtungen stattgefunden haben, sind sie höher; bei derartigen Vergebungen werden manchmal einmalige Zahlungen beim Antritt auferlegt, und der wirkliche Pachtbetrag ist dadurch aus den Kontrakten nicht zu ersehen." Aus dem Commons' Report sind vor allem Äufserungen von Edward Wakefield hervorzuheben, dem Verfasser einer 1812 erschienenen Schilderung Irlands. „Von Gütern", sagt er p. 86, „die durch Überbieten verpachtet wurden, habe ich vor kurzem in Devonshire Kenntnis erhalten... Diese Art halte ich für sehr verderblich: ich glaube, um den Boden in guter Kultur zu halten, mufs man nie einen Pachtvertrag ablaufen lassen, sondern zwei, drei Jahre vor dem Endtermin mit dem Pächter sich verständigen... Nach allem, was ich gesehen habe, nehme ich an, dafs sehr tüchtige Landwirte keine Pachtung durch Überbieten nehmen." Ähnlich sind die Ausführungen des Pachtvermittlers und Taxators John Claridge. „Es giebt", sagt er p. 40, „einen Umstand im Pachtwesen, den ich mit den stärksten Ausdrücken tadeln möchte, eine Art Unzufriedenheit, die manche Gutsbesitzer erfüllt, so dafs sie meinen, sie bekämen nicht genug, und deshalb überlassen sie es der ganzen Welt, ihnen zu sagen, welchen Pachtzins man geben würde, und derjenige, der am meisten gab, bekam das Gut; das ist ein Verfahren, das in jedem Sinne des Wortes den Grundbesitz ruiniert." Auf die Frage, ob nicht der Pächter selbst am besten beurteilen könne, wieviel er zu zahlen imstande ist, antwortet er: „Ganz sicher nicht; ich halte einen Pächter für einen Mann ohne geistige Bildung, der nicht in die Gesetze der Ertragsberechnung eindringt; ich spreche von der grofsen Mehrzahl der Pächter."

s) (Zu S. 74). Smith, Reichtum der Nationen, III 186: „Der hohe Satz des Kapitalgewinns scheint überall jene Sparsamkeit zu zerstören, die sonst der Art des Kaufmanns natürlich ist. Wenn der Kapitalgewinn hoch ist, erscheint jene nüchterne Tugend als entbehrlich und kostspieliger Luxus zu dem Überflufs, in dem man sich befindet, besser zu passen."

t) (Zu S. 75). Die Unterscheidung eines doppelten Vorteils, der dem Grundeigentümer mit der fortschreitenden Entwicklung der wirtschaftlichen Zustände zu teil wird, findet sich auch bei Ricardo, Gesetze der politischen Ökonomie (3. Aufl.) p. 74: „Es ist offenbar, dafs der Grundeigentümer doppelten Vorteil durch jede gröfsere Schwierigkeit der Getreideerzeugung hat. Zuerst erhält er einen gröfseren Anteil, und zweitens ist die Güterart, worin er seine Zahlung erhält, von höherem Wert." Nur fafst Ricardo die Sache konkreter und klarer: der doppelte Vorteil ergiebt sich aus der Art, wie die Rente, beziehungsweise der Pachtzins sich ändert, eine gröfsere Quantität einer wertvolleren Sache wird. Malthus ist wie gewöhnlich unbestimmter; er bleibt bei den zwei Ursachen der Rente stehen, dem höheren Preis und der stärkeren Produktion des Getreides überhaupt, und ist unter dem Eindruck der Vorstellung, wie wenn das Teurerwerden und das Wachsen der Erträgnisse jedes für sich schon eine Rentenzunahme bewirken müsse.

III. „Die Gründe einer Meinung".

a) (Zu S. 81). Nachdem der Autor die drei neuen Thatsachen aufgezählt hat, die ihn in seiner Stellungnahme bestärken, beginnt er, sie einzeln zu besprechen. Unser Absatz mufs daher mit „1." eingeleitet werden, entsprechend dem „2." auf S. 83 und dem „3." auf S. 85. Nur durch ein Versehen fehlt das „1." im Original; es durfte unbedenklich in unsrer Übersetzung ergänzt werden.

b) (Zu S. 82). Diese Zusammenfassung des Eindrucks, den die Aussagen vor den Parlamentsausschüssen gemacht haben, erinnert stark an diejenige, die der Unterhausausschufs selbst in seinem Berichte gegeben hat (Commons' Report p. 2—4). „In den letzten zwanzig Jahren," heifst es hier u. a, „ist nach allen Aussagen ein sehr rascher und bedeutender Fortschritt in der Landwirtschaft des Vereinigten Königreichs eingetreten, und grofse zusätzliche Kapitalien sind mit Geschicklichkeit und Erfolg nicht blofs zum intensiveren Anbau des kultivierten Bodens, sondern auch zur Umwandlung grofser Strecken geringen Weidelands in ergiebiges Ackerfeld verwendet worden . . . Die Kapitalien werden in vielen Fällen für die betreffenden Personen ganz verloren sein . . . . wenn sie durch das Fehlen einer genügenden Ermutigung, um sie fortzusetzen, in ihrem jetzigen unfertigen Zustande im Stiche gelassen werden. Diese Ermutigung des Ackerbaues hat, wie die Zeugen auch erklären, die starke Zunahme der Jahresernten hauptsächlich herbeigeführt . . . Die wichtige Quelle dieser Ermutigung . . . ist die zunehmende Volkszahl und der wachsende Reichtum des Landes; aber . . . diese Ursachen . . . sind zwar mehr gelegentlich, aber doch bedeutend von jenen Ereignissen unterstützt worden, die während der Dauer des Krieges die Wirkung hatten, die Einfuhr fremden Getreides zu hindern. Die plötzliche Beseitigung dieser Hindernisse hat offenbar unter den Landwirten ein gewisses Mafs Beunruhigung erzeugt, die nach der Meinung der verhörten Zeugen, wenn sie nicht schwindet, nicht blofs dahin wirken wird, die weitere Urbarmachung grofser Strecken zu verhindern, sondern auch das Streben nach intensiven Betriebe aufzuhalten und seine Ausbreitung auf dem kultivierten Boden zu hemmen."

c) (Zu S. 82). Noch im Jahre 1833 sagte ein Sachverständiger vor einem Parlamentsausschufs: „Ich habe nur ein einziges Jahr gekannt, in dem eine Hungersnot einigermafsen drohte, d. h. die Unmöglichkeit für die Bevölkerung, genügend zu erhalten, und das war im Jahre 1812 infolge der schlechten Ernte von 1811, während wir von der übrigen Welt abgeschnitten waren: Weizen stieg allmählich von 10 Schill. auf 24 Schill. pro Bushel" (angeführt bei Tooke, History of prices I 327). Vgl. auch Note p S. 115; die Weizeneinfuhr allein wird für 1812 auf 115 811 Quarter angegeben.

d) (Zu S. 84). Vgl. über den Goldkurs Note u auf S. 116. Der Wechselkurs auf Hamburg war (ebenfalls nach Tooke I 189) am 22. Februar 1814 29 (d. h. lübische Schillinge für 1 £), am 28. Februar 1815 aber 32,2 (d. i. 32 Schill. lüb. 2 Grot = $32^{2}/_{12}$ Schill. lüb. für 1 £). Der Wechselkurs auf Paris war nach Tooke an denselben Tagen 21, bezw. 22 (d. i. Francs für 1 £). Die Bemerkungen, die hier Malthus macht, stimmen nicht mit den Ausführungen vom Jahre vorher, auf die er sich bezieht. Er hat damals (s. oben S. 29) die mittlere Veränderung des Einfahrpreises davon abhängig gemacht, dafs einerseits der Wert des Papiergeldes auf die Höhe des Metallgeldwertes steige, dafs aber andrerseits der Wert des Metallgeldes den Waren gegenüber sinke. Die Änderungen im Gold- und Wechselkurse, die er hier feststellt, beweisen noch nicht, dafs der Wert des Metalls zurückgegangen war, und der Schlufssatz, der eine weitere Wertsteigerung des Papiergeldes erwartet, könnte mit Grund nur zu der Folgerung führen, dafs noch immer keine endgültige Gesetzgebung möglich sei.

e) (Zu S. 84). Man scheint 1814 auf eine gute Ernte gerechnet zu haben; die niedrigen Getreidepreise in der ersten Hälfte des Jahres beweisen das ebenso wie die Äufserung eines Zeugen vor dem Parlamentsausschufs noch Mitte Juni des Jahres, vgl. Commons' Report p. 74. Thatsächlich aber hatte die Entwicklung der Frucht durch sehr ungünstiges Wetter schwer gelitten. Den Winter von 1813 auf 1814 erklärte Tooke, als er schrieb, für den „strengsten und andauerndsten des Jahrhunderts". Das Frühjahr war kalt und unfreundlich; die Ernte fiel sehr spät und litt unter der wechselnden Witterung. So zeigte sich in der geernteten Menge ein starker Ausfall gegen die grofsen Erträgnisse des Vorjahres, und die Beschaffenheit des Getreides hatte durch Rost und Mehlthau sehr gelitten. Während der Ernte stieg daher der Preis um 10 Schilling; aber die grofsen Vorräte und die starke Einfuhr verbunden mit der gesteigerten Ausdehnung der Anbaufläche führten zu einem neuen Rückgang, so dafs der Preis am Ende des Jahres noch niedriger war als vor dem herbstlichen Aufschlag (vgl. Tooke, History of prices II 2, 3). S. auch S. 83 oben und Anm., ferner S. 87 oben.

f) (Zu S. 84). Tooke, History of prices II 30 f. (vgl. Übers. von Asher I 191), schreibt in Bezug auf die Verhältnisse des Jahres 1814: „Die Friedenspräliminarien zwischen den verbündeten Mächten und Frankreich wurden im April 1814 unterzeichnet, und innerhalb der folgenden sechs Monate war der Goldpreis auf 4 £ 5 Schill. gefallen und der Wechselkurs gegenüber Hamburg auf 33 Schill., gegenüber Paris auf 23 Francs 30 Cent. gestiegen. Auch fielen die Warenpreise in derselben Zeit beträchtlich. Und doch war der Notenumlauf in dem Zeitraume stark ausgedehnt worden . . ., die Guthaben an den Staat hatten sich um 10 Millionen, der Umlauf an Noten über 5 £ hatte sich um 2 Mill., und mit Einschlufs der kleineren Noten hatte er sich um fast 3½ Mill. £ vergröfsert." Tooke führt aufserdem eine Stelle aus Blake, The course of exchange and the depreciated state of the currency (1816), an, wo es u. a. heifst: „Die Notenausgabe nahm fortwährend zu, während die Wechselkurse sich besserten und der Goldpreis fiel." Der Fall der Warenpreise hatte zahlreiche Bankerotte zur Folge, insbesondere in einer ungewöhnlichen Ausdehnung unter den kleineren Notenbanken. Die Krisis der Jahre 1810 bis 1812 brachte 47 Banken zum Zusammenbruch, die Depression von 1814 bis 1816 aber 92 (Tooke a. a. O. II 38). Vorhergegangen war im Frühjahr 1814 eine starke Preissteigerung derjenigen Waren, die zum Export nach dem Kontinent geeignet schienen, nicht blofs der Kolonialprodukte, sondern auch der alten englischen Stapelartikel Blei und Zinn und der fabrikmäfsig erzeugten Manufakturwaren (ebd. p. 6, 7). Die Unterscheidung zwischen realem und nominellem Wechselkurs ist von William Blake eingeführt, Observations on the principles which regulate the course of exchange, 1810.

g) (Zu S. 85). Vgl. oben S. 19, 20.

h) (Zu S. 86). Das französische Gesetz vom 2. Dezember 1814 (Loi relative à l'exportation des grains, farines et légumes) gestattet die durch Verordnung vom 26. Juli provisorisch erlaubte Getreideausfuhr in dauernder Weise unter bestimmten Bedingungen. Namentlich habe die Ausfuhr aufzuhören, wenn in den Grenzprovinzen, je nachdem in ihnen der Durchschnittspreis für Getreide über dem des ganzen Landes oder ihm gleich oder unter ihm steht, der Getreidepreis pro Hektoliter 23, 21 oder 19 Francs sei. Eine Verordnung vom 18. Dezember giebt dann an, welche Grenzprovinzen in jede dieser drei Klassen gehören. Malthus berücksichtigt hier diese Preisabstufung nicht. Wenn er den Preis, bei dem die Ausfuhr aufhöre, auf 49 Schill. das Quarter bestimmt, so hat er den Preis der mittleren Klasse im Auge; denn 21 Francs pro 100 Liter giebt für 281,9 Liter, den Francs zu ⅚ Schill. gerechnet, 49¼ Schill. Vgl. Dalloz, Répertoire de législation, vol. 26 p. 539.

i) (Zu S. 86). Ende 1756 wurde der Getreidepreis ungewöhnlich hoch, und es entstanden Unruhen unter dem Volke. Die Gesetzgebung verbot deshalb das Getreidebrennen (30 Geo. 2 c. 10) und die Getreideausfuhr (30 Geo. 2 c. 1). Die letztere Mafsregel blieb bis zum 25. März 1759 in Kraft. Aufserdem war bis zum 24. August 1757 die Getreideeinfuhr zollfrei. Übrigens waren auch schon in den Jahren 1698, 1709, 1740 und 1741 Ausfuhrverbote erlassen worden (Charles Smith, Three tracts on the corn-trade and corn-laws p. 44, 45). Die Ausfuhr war gerade in den unmittelbar vorhergehenden Jahren besonders grofs gewesen, z. B. 1749 629000 Quarter, 1750 sogar fast 948000 (vgl. die Tabelle über die Getreideeinfuhr und -ausfuhr von 1697 bis 1812 im Commons' Report p. XXXVIII f.).

k) (Zu S. 87). Die französischen Weizenpreise waren nach Lavergne (séances et travaux de l'académie des sciences morales a. a. O. vol. 72 p. 62.):

	Francs	Cent.
1806	19	04
1807	18	88
1808	16	54

	Frank	Cent.
1809	14	86
1810	19	61
1811	26	13
1812	34	34
1813	22	51
1814	17	73
1815	19	53

Jacob, Report on the trade in foreign corn and on the agriculture of the North of Europe (1826). p. 228, 29 giebt für die ersten acht Monate des Jahres 1815 die französischen Weizenpreise in Schilling pro Bushel umgerechnet wie folgt an:

1815	Preis im Seine-departement		Durchschnittspreis für Frankreich	
	Schill.	Pence	Schill.	Pence
Januar	4	5³/₄	5	—
Februar	4	2³/₄	5	—
März	3	11³/₄	4	11¹/₄
April	4	—	4	10¹/₂
Mai	3	10¹/₂	4	10¹/₂
Juni	4	1	5	2
Juli	4	6¹/₄	5	6¹/₄
August	5	4³/₄	5	11¹/₄

l) (Zu S. 87). Smith, Reichtum der Nationen a. a. O. I 306, 7: „Der Durchschnittspreis des Weizens mittlerer Güte war während der ersten vierundsechzig Jahre unsres Jahrhunderts ungefähr 32 Schill. das Quarter von 8 Bushel ... Im Jahre 1688 berechnete Gregory King, ein durch seine Kenntnisse in derartigen Dingen berühmter Mann, dafs der Durchschnittspreis des Weizens sich in Jahren mit mäfsiger Fruchtbarkeit für den Produzenten auf 3¹/₂ Schill. das Bushel, also auf 28 Schill. das Quarter stelle." Durch 1 W. a. M. stat. 1 c. 12 (1688) wurde die Weizenausfuhr mit einer Prämie erlaubt, wenn der Preis nicht über 48 Schill. wäre, vgl. die Einleitung.

m) (Zu S. 90). Hier schliefst sich Malthus mehr dem Ausschufs-bericht als den Zeugenaussagen selbst an. Im Commons' Report p. 13 heifst es: „Es ist eine Thatsache, die wohl Beachtung des Hauses wert ist, dafs offenbar eine erhebliche Abgabe auf die Getreideausfuhr in den Ostseeländern gelegt wird. Der Ausschufs hat Grund, anzu-nehmen, dafs diese Abgabe wiederholt dann erhöht worden ist, wenn die Bedürfnisse unsres Landes besonders dringlich waren. Man kann sich ja auch leicht denken, da Einnahme der Zweck ist, wegen dessen eine Steuer auferlegt wird, und da die Preise in den Ostseeländern sich nach den bei uns geltenden richten, dafs es möglich ist, den Ausfuhrzoll in dem Verhältnis zu steigern, wie bei uns der Getreidemangel gröfser und im Zusammenhang damit der Preis höher ist."

n) (Zu S. 91). Namentlich in dem Lords' Report tritt diese Einsicht stark hervor; vgl. die zitierten Zeugenaussagen bei Leser, Untersuchungen zur Geschichte der Nationalökonomie I S. 88 Note 1. Im Commons' Report spricht sich mehr der Gedanke aus, dafs bisher schon die Produktion sich bedeutend vermehrt habe, so dafs sie in Durchschnittsjahren dem Konsum gleich sei; vgl. namentlich p. 14 und die Aussagen des Getreidekommissionärs Hennings: „eine Durchschnittsernte halte ich für ausreichend zum zwölfmonatlichen Verbrauch ... Die Verbesserungen in der Landwirtschaft sind in den letzten acht bis zehn Jahren so grofs gewesen, dafs ich glaube, bei einer Ernte von durchschnittlicher Gröfse wäre unsre Produktion unsrem Verbrauch gleich" (p. 208, 209).

o) (Zu S. 96). Tooke giebt ein wesentlich andres Bild von der damaligen Lage der arbeitenden Klassen. „Sie befanden sich," sagt er (History of prices II 13), „in den Jahren 1814 und 1815 und bis ein abermaliges Steigen der Getreidepreise stattfand, in verhältnismäfsig befriedigenden Umständen, da der Preis der Arbeit nicht annähernd in dem Verhältnis wie der Preis der Lebensmittel gefallen war. Es gab zwar Klagen von Arbeitern, die ihre Beschäftigung verloren, weil so viele Gewerbzweige in gedrücktem Zustande waren, und aufserdem bewirkte der verminderte Bestand des Heeres und der Flotte vorübergehend einen weiteren Überschufs; aber trotz dieser ungünstigen Thatsachen hat man doch allen Grund, anzunehmen, ja alle Beweise, die in einem derartigen Falle möglich sind, thun dar, dafs die grofse Masse der arbeitenden Bevölkerung im Vergleich mit der Lage, in der sie sich 1811 und 1812 befand, ihren Zustand verbessert hatte." Die Stellen, in denen Malthus schon vorher den hohen Getreidepreis als vorteilhaft für die Arbeiter erklärt hatte, finden sich oben S. 23, 24 und S. 67—69.

p) (Zu S. 99). Hume, Über das Geld (in Guillaumin's Mélanges d'économie politique I 36—38). Die Ausführungen beginnen mit dem Satz: „Man kann in der That in allen Staaten, wo die Umlaufsmittel anfangen häufiger zu werden, eine deutliche Veränderung bemerken; die Arbeit und der Fleifs gewinnen Lebhaftigkeit, der Kaufmann wird unternehmender, der Fabrikant thätiger und geschickter, selbst der ländliche Arbeiter führt seinen Pflug mit mehr Eifer und weniger Traurigkeit". Die Stelle schliefst: „Das Bild, das ich hier entworfen habe, zeigt den Weg, den die neuen Umlaufsmittel nehmen; man kann ihn verfolgen und sich überzeugen, dafs sie in allen Bevölkerungsklassen zuerst zur Arbeit anregen, bevor sie den Lohn und den Wert der Lebensmittel und Waren steigern."

q) (Zu S. 100). Smith, Reichtum der Nationen a. a. O. II 145: „Das im Landbau angewendete Kapital setzt nicht nur eine gröfsere Menge produktiver Arbeit in Bewegung als ein gleich grofses Kapital in den Manufakturen, sondern im Verhältnis zu der produktiven Arbeit, die es beschäftigt, fügt es auch einen viel gröfseren Wert dem jährlichen Erzeugnisse des Bodens und der Arbeit des Landes, dem wahren Reichtum und Einkommen seiner Bewohner', hinzu." Vgl. darüber Leser, Begriff des Reichtums bei Adam Smith S. 133—136.

r) (Zu S. 102). Vgl. oben S. 11.

s) (Zu S. 104). Die auf amtlichen Quellen beruhende Zusammenstellung der Anlehen während der Revolutionskriege, die Macculloch, Treatise of taxation and the funding system, p. 445 mitteilt, ergiebt niedrigere Zahlen, als Malthus hier annimmt. Die von 1794 bis 1813 aufgenommenen Kapitalien summieren sich nach jenen Daten für Grofsbritannien auf 394 Mill. £; wenn dazu auch Irland mit 40—45 Mill. gerechnet wird, so ist doch die Zahl von 500 Mill. immer noch lange nicht erreicht. Aufserdem ist ein sehr ansehnlicher Teil dieser Anlehen, nämlich ein Betrag von 138 Mill. £, zur Schuldentilgung verwendet worden, so dafs das Kapital in dem Zeitraume seine Anlagen beim Staate doch nur um etwa 300 Mill. £ vergröfsert hat. Die Ausgabe für die Staatsschuld belief sich im Jahre 1814 nach dem Gladstone'schen Blaubuch On public income and expenditure II 307 auf 31 105 644 £; darin sind die Zinsen und die Verwaltungskosten der fundierten Schuld, die Zinsen der unfundierten Schuld und die Jahresbeträge der Leib- und Zeitrenten einbegriffen, nicht aber die Zuwendungen an den Tilgungsfond.

t (Zu S. 106). Die drei Epochen, die Malthus annimmt, werden durch die folgenden Gesetze gebildet, deren Inhalt in der Einleitung gekennzeichnet ist: 1) 22 Ch. 2 c. 13 s. 1 (1670) verbunden mit 1 W. a. M. Stat. 1 c. 12. 2) 13 Geo. 3 c. 43 (1773, nicht 1772); vorher waren in den Jahren seit 1765 wiederholt Erleichterungen der Einfuhr, Verbote der Ausfuhr und der Destillation erforderlich gewesen. 3) 31 Geo. 3 c. 30 (1791) und 44 Geo. 3 c. 109 (1804).

u) (Zu S. 108). Vgl. oben S. 64 und 65.

v) (Zu S. 109). Offenbar denkt hier der Verfasser an das Urteil des Adam Smith über die Navigationsakte: vgl. Reichtum der Nationen a. a. O. II 287: „Da die Verteidigung wichtiger ist als der Reichtum, so ist das Schiffahrtsgesetz vielleicht die weiseste unter allen handelspolitischen Mafsnahmen Englands."